郑晓倩◎著

"福"文化
融入高校思政教育的
链接逻辑与创生路径

吉林大学出版社
·长春·

图书在版编目（ＣＩＰ）数据

"福"文化融入高校思政教育的链接逻辑与创生路径 /
郑晓倩著 . -- 长春 : 吉林大学出版社 , 2024. 7.
ISBN 978-7-5768-3411-6

Ⅰ . G641

中国国家版本馆 CIP 数据核字第 2024JT7340 号

书　　名："福"文化融入高校思政教育的链接逻辑与创生路径
　　　　　"FU" WENHUA RONGRU GAOXIAO SIZHENG JIAOYU DE
　　　　　LIANJIE LUOJI YU CHUANGSHENG LUJING

作　　者：郑晓倩　著
策划编辑：李伟华
责任编辑：李伟华
责任校对：郜玉乐
装帧设计：中北传媒
出版发行：吉林大学出版社
社　　址：长春市人民大街 4059 号
邮政编码：130021
发行电话：0431-89580036/58
网　　址：http://www.jlup.com.cn
电子邮箱：jldxcbs@sina.com
印　　刷：三河市龙大印装有限公司
开　　本：787mm×1092mm　　1/16
印　　张：15. 25
字　　数：260 千字
版　　次：2025 年 3 月　第 1 版
印　　次：2025 年 3 月　第 1 次
书　　号：ISBN 978-7-5768-3411-6
定　　价：95. 00 元

前 言

　　2015 年，习近平总书记在文艺工作座谈会上的讲话指出："中华优秀传统文化中很多思想理念和道德规范，不论过去还是现在，都有其永不褪色的价值。"党的二十大报告进一步强调："中华优秀传统文化源远流长、博大精深，是中华文明的智慧结晶。"党中央的文件深刻阐述了中华优秀传统文化的思政教育价值，为中华优秀传统文化与思政教育的融合提供了重要指导。"福"文化作为民族文化的基因与根脉，是根植中国本土、贯穿中华民族发展始终的主流核心文化，对新时代大学生的世界观、人生观、价值观有深远的影响。

　　高校思政教育作为积累和传承中华优秀传统文化的主要渠道，其与"福"文化的融合能够为高校思政教育提供新的思路，为弘扬社会主义核心价值观提供有力支撑，是打造"福"文化品牌、构建鲜明文化标识体系的必然选择与现实需要。本书拟从发展脉络和精神内核两个层面梳理二者的内在联系，以历史观为评价尺度，深入剖析二者耦合的现实困境与原则遵循。在此基础上，探索高校思政教育与"福"文化衔接优化的创新路径。研究结果对于提升"福"文化的对外影响力与亲和力、对内塑造力与凝聚力，促进高校思政教育内容的活化与方式创新，助力大学生可持续发展能力的提高，推动高校成为"福"文化理论研究高地、精神家园、创新源泉与实践基地，具有重要的理论价值与现实意义。

本书基于新时代背景，坚持"立德树人"的根本任务，以文化育人为理论向度，深入探讨了"理论依据—现实要求—实践路径"逻辑框架下"福"文化融入高校思政教育的方法。通过系统梳理"福"文化与高校思政教育融合的理论基础与脉络，本书明晰了两者融合的现实困境，并归纳出优化协调的原则。进而，本书探析了创新耦合的实践路径，为发挥文化铸魂育人价值、实现"福"文化的守正创新提供了前瞻性思路。这不仅为加强思政教育建设的顶层设计、拓宽思政教育的研究领域和范围、实现思政教育的多样性和延展性提供了新路径，而且具有重要的应用价值。

本书以探本溯源为起点，以立德树人为目标，立足多学科视角，明晰了"福"文化融入思政教育的独特价值。通过深入剖析"福"文化与思政教育融合的现状困境，基于历史视野，本书凝练了"福"文化与思政教育耦合的内在关联，并开展了实证研究，客观研判了"福"文化融入思政教育的影响因素。研究成果对于推进"福"文化的传承与创新发展、提升思政教育成效、贯彻落实文化育人理念、加快实施文化自信与文化强国战略具有重要的参考和应用价值。

为了更深入地研究"福"文化融入高校思政教育的逻辑与路径，本书共分为七个章节：

第一章：研究"福"文化的理论基础。本章回顾了"福"文化、中华优秀传统文化与高校思想政治教育融合的国内外研究，探索"福"文化融入高校思政教育的内在机理，为后续深入地探究"福"文化融入高校思政教育的提升路径提供了理论基础。

第二章：介绍"福"文化的发展历程及其融入高校思想政治教育的理论依据。通过回顾与总结"福"字的演变过程和中华传统"福"文化内涵的发展，阐述千百年来"福"文化内涵的演变历程，探索"福"文化的现代精神与社会意义。分别从口头文学、美术、陶瓷、戏剧等形式多样的传统技艺着手全面摸排"福"文化元素，从节庆、传统礼仪、游艺等丰富多彩的民俗活动着眼解析"福"文化基因，深入挖掘"福"文化精神内涵和时代特征，进而探索"福"文化融入高校思想政治教育的主要内容。

第三章：本章以"福"文化对高校思政教育的物质支撑和精神给养为切入点，主要从增强高校思政教育实效性、丰富高校思政教育资源库、推进中华优秀传统文化创造性转化和创新性发展等方面总结"福"文化融入高校思政教育的历史意义与时代价值。

第四章：本章基于"福"文化与思政教育发展历程视角，从历史逻辑、理论逻辑与实践逻辑三个宏观层面梳理"福"文化与思政教育耦合的内在关联，并从价值追求与目标、教育理论与内容、教育载体与路径三方面厘清二者耦合的逻辑。

第五章：本章通过文献分析法梳理高校文化育人现状，从内涵、主体、方法、管理四个维度着手，科学剖析"福"文化与高校思政教育协调发展面临的时代境遇与现实挑战，为相关理论研究提供了事实依据。

第六章：本章借助跨学科研究法，结合马克思主义理论、教育学等多学科理论资源，从多样性与政治性、实践性与理论性、批判性与建设性、主体性与主导性出发，梳理"福"文化融入高校思政教育的原则遵循。

　　第七章：本章立足生活日常，以仪式教育、环境教育、朋辈教育、网络教育为抓手，探索"浸润式"育人路径；夯实课堂阵地，从人才驱动、载体驱动、数字驱动、场域驱动入手，创新"引领式"育人格局；革新教育实践，依托学科实践、社团活动、社会实践，构建"体验式"育人模式，为"福"文化融入高校思政教育提供了系统的实践路径。

目 录

C O N T E N T S

第一章
导 论
001

第二章
"福"文化概述及其融入高校思想政治教育的主要内容
026

第三章
"福"文化融入思想政治教育的价值意蕴
082

第四章
"福"文化融入思想政治教育的链接逻辑
103

第五章
"福"文化融入高校思想政治教育的四重困境
124

第六章
"福"文化融入高校思想政治教育的原则遵循
161

第七章
"福"文化融入高校思想政治教育的实践路径
179

参考文献
221

第一章 导 论

第一节 "福"文化研究现状

一、"福"文化的相关文献著作研究概况

"福"文化起源于原始社会时期，它表现为古人对自身生存和发展的最初始、最本能的向往和追求。随着中华五千多年文明史的发展，其内涵逐渐丰富。现代学者对"福"文化的内涵持有不同见解。王达人（2004）在《中国福文化》一书中，将放爆竹、压岁钱、贴春联、年画、舞狮等多种与祈福相关的民俗活动归纳为广义上的"福"文化。他围绕"福的含义""有关福的风俗及来历""无所不在的福字""福字的艺术化""说福"等方面，详细论述了"福"文化的来源，并阐述了其在不同载体中的内涵和表现形式，为后来学者的研究提供了重要参考。

殷伟、殷斐然（2005）在《中国福文化》一书中，从"福义溯源""福义的衍化""五福寿为先""民间俗信"等多个角度展开研究，内容涵盖了"福"的字源字义、福神的传说、祈福轶闻及典故等，系统地介绍了"福"文化的内容及含义。他们认为，年画、剪纸等传统纹样上的"福"文化，充分展现了"福"在传统文化特别是民俗活动中深远的文化内涵。

赵华明（2006）在《福和谐：中华福文化与和谐社会》一书中，将"福"文化定义为中华民族伟大文化的根本宗旨和天然组成部分，它代表了中华儿女祖祖辈辈的不朽信念和不懈追求，是流淌在每一个中国人血液中的精神血脉。赵华明从"和谐"的视角出发，阐述了中国"福"文化，介绍了福瑞起源等内容，进一步拓展了"福"文化的外延，分析了"福"文化与"和谐"的内在联系，并探讨了"福"文化与和谐社会的关系。

李江（2019）在《中国传统福文化研究》一书中提出，"福"文化深深植根于人们的衣食住行之中，它凝聚了历代中国人民的智慧，反映了世世代代中国人对幸福生活的热烈追求和向往。它集中体现了中华民族的各种吉祥观念，并搭建起了连接现代文化与古代民间文化的桥梁。李江从对世界的初始认知、宗教哲学观念等方面对"福"文化的价值进行溯源，总结了包含祈福活动、福的艺术表现等方面的"福"文化的具体表现形式，并深入阐释了传统"福"文化的现代意义与价值。他认为，对"福"的追求是历代中国人民普遍持有的价值观念，但在当代，对"福"文化的理解应更为广泛，它不仅仅是对幸福生活的追求，更应成为构建和谐社会的基础价值观念。

二、学术史梳理及研究动态

(一)国外研究现状

自 20 世纪以来,"福"文化逐渐引起了西方学者的关注,他们分别从精神层面和物质层面对"福"文化进行了研究。在精神层面,一些哲学家、文学家和宗教学者开始探讨"福"字的深层含义及其对人类生活的启示。例如,美国哲学家弗里德里希·尼采认为"福"文化是自由、创造力和超越自我的象征。部分学者对"福"文化的教育价值进行了深入研究,在物质层面,国外学者对"福"文化的探索包括传统节日、传统习俗、传统手工艺等。美国当代民俗学家阿兰·邓迪斯认为,"福"文化是民俗文化的一部分,"民"指人类中具有共同点的群体,"俗"则可从遗留物、口头文艺和民间文化三个角度进行界定(Wang,2023)。

由于中西方文化的差异,国外没有专门的思想政治教育学科,因此,基于高校思政教育视角对"福"文化的研究成果较为有限。在高校思政教育层面,西方主要聚焦马克思主义思想政治教育理论研究、思想政治教育的典型示范等思想教育手段研究,以及爱国主义教育的教材、教育效果等方面。

（二）国内研究现状

"福"文化是中华优秀传统文化的瑰宝，它承载着人们对幸福生活的向往和对美好未来的期盼，有力折射了中华民族的价值追求和精神寄托。学界对福文化的研究主要集中在精神内涵、传承载体、传播途径等方面。学者们在探讨"福"文化核心内涵时，聚焦于其历史溯源与创新发展，其中"福、禄、寿、喜、财"被视为传统"福"文化的核心要素。

叶真铭（2017）认为，"福"文化的内涵极为丰富。例如，《尚书·洪范》中提及的"一曰寿，二曰富，三曰康宁，四曰攸好德，五曰考终命"的"五福"之说，便概括了人类最基本的需求，并体现了古代中国人对福、禄、寿、财的追求。他进一步认为，"福"文化是中国传统民俗吉祥文化的重要组成部分，涵盖了福、禄、寿、喜、财等多个方面，是中华民族不懈追求的精神家园和世代传承的文化瑰宝，已深深融入中国人的日常生活之中。

在现代社会，"福"文化的传播主要体现在知福、惜福、积福、修福、造福、享福等方面。甘婷（2022）深入剖析了中华传统"福"文化的内涵与外延，将中国共产党的初心使命概括为"站"起来之"福""富"起来之"福"到"强"起来之"福"的伟大飞跃。这一分析不仅展现了中国共产党对"福"文化的美好诠释与深刻理解，还体现了其在实践中对"福"文化理论内涵的创新性发展。

剪纸、年画、线狮技艺、佛跳墙技艺、汉字书法、木版年画等民间艺术是传承"福"文化的重要载体。孙璐、陈皎月等人（2020）在研究中发现，以福、禄、寿三星为主题或以"福"字、"寿"字为题材的年画在清代年画中较为常见，这些作品蕴含着人们祈福添寿的美好愿望，体现了民间百姓的精神信仰与人文追求。这些作品以图代字、以文化人，具有显著的教化作用，同时展现了极高的文化、艺术和社会价值。

曾昕（2022）认为，中国民间剪纸艺术深深扎根于中华优秀传统文化之中，传承着古老的人文精神与文化思想，并在与时代的结合中不断发展与创新。而李艳花（2016）则从文化熟语的角度对"福禄寿喜"文化进行了深入研究。她通过分析"福""禄""寿""喜"的语义特征，将相关熟语分为四个层面，并进一步细分为成语和其他类型熟语。她认为，这些熟语不仅体现了对健康长寿、丰衣足食、富裕发财、功名利禄、婚姻美满、多子多福等美好愿景的追求，还蕴含了"福祸相依"的辩证法思想。这些熟语是中华民族表达吉庆圆满的特有词汇类型，承载着千百年来中华儿女对生活的祈盼和希望，蕴含着丰富的吉祥寓意和审美意蕴，以及中华民族独特的文化内涵。

"福"文化的宣传推介主要聚焦于民间节庆和祈福活动，如庙会、节俗、婚俗，舞狮、舞龙、高跷、祝赞词等。艾君（2020）从元宵节的起源、发展、名称、习俗等多个角度进行深入研究，认为元宵节的核心元素和宗旨均体现了中华民族自古以来追求吉祥、团圆、和谐的传统美德和人文精神。无论是从历史、科学的视角解读元宵节的起源，还是从纪念、祭祀、宗教、民间传说、宫廷文化等方面探讨，元宵节都承载着追求吉祥、欢聚团圆、喜庆祥和的深刻意义。传统元宵节不仅有寓意消灾祈福的燃灯、舞龙灯、舞狮子、踩高跷等节俗活动，还有祈求吉星高照、添丁吉兆、孕期平安的送花灯等习俗。自中国传统节日振兴工程实施以来，元宵节在传承优秀传统习俗的同时，也被赋予了更多符合时代精神的内涵，体现了中华民族自强不息、爱国爱家、追求美德、和谐共生的情怀。

刘一广（2022）提出，"仪式"是一种典型的传播活动，它通过仪式景观中极具冲击力的活动展演，激发人们对历史和文化记忆的情感共鸣，以实现共情传播。僧格、路转红（2022）则从"福"字的甲骨文入手，探究了"福"字作为文字的原始含义，并深入研究了与"福"字相关的民俗事项。他们认为，"福"字最初仅作为中国人心目中最吉祥的一个字，但随着历史的发展，中华儿女共同的"求吉""求福"等美好愿景与诸多民俗事项一同附着在"福"字上，使其成了具有丰富象征意义的吉祥图像。

"福"文化形式多样、资源丰富、特色鲜明，对闽地州县命名、民间艺术、民俗活动产生了深刻影响。目前，学界对"福"文化的研究主要集中在民间传说、文化习俗等细节层面，侧重于单一载体的分析。戏曲、歌舞、木雕、石雕、漆艺、剪瓷雕、泥塑、剪纸、年画、书法、绘画等民间艺术被视为"福"文化的具体表现形式，它们生动地展现了人们对幸福生活的向往。

例如，福建非物质文化遗产剪瓷雕艺术以吉祥如意、福禄寿喜为主要题材，生动地诠释了福建人民祈求平安长寿的美好愿景。林惠仙（2022）以福建仙游礼品花和供品贴花为例，深入分析了福建仙游民间剪纸艺术作品的独特造型语言、内涵寓意等视觉要素和认知联想。她通过实地走访和拍摄发现，福建仙游剪纸艺术作品以谐音造型或象征造型为主，每一种独特的艺术造型都蕴含着不同的寓意，采用象征、表意的手法，含蓄地表达了人们的祈盼和美好愿景。张福英（2015）认为，如灯俗、舞龙、舞狮、拍胸舞、卜状元饼、火鼎公火鼎婆等传统游艺民俗活动蕴含着人们对吉祥如意、风调雨顺、驱邪镇恶、国泰民安的祈求。这些传统游艺民俗活动不仅具有休闲娱乐功能，还能满足人们的心理需求，从而使人们感受生活的快乐，实现心理慰藉。游红霞、田兆元（2022）认为妈祖信仰是联结两岸关系的文化纽带，对铸牢两岸中华民族共同体意识具有显要意义。

尽管"福"文化的研究和传承取得了显著成果，但仍需进行全面系统的挖掘与整理。大量的"福"文化资源尚未得到充分的开发利用，对其精神内涵、历史传承、时代价值、具体体现等方面的研究仍缺乏系统性梳理。因此，建立多层次有特色的"福"文化标识体系、深化文化基因解码、阐释当代价值、完善文化谱系建设、加强基因库建设等方面的工作仍需进一步加强。

第二节 中华优秀传统文化融入高校思政教育的研究概况

一、相关著作研究概况

（一）关于中华优秀传统文化的相关著作研究概况

学术界关于中华优秀传统文化的研究成果十分丰富。作者围绕中华优秀传统文化所蕴含的思想精髓，对国内现有文献著作进行了系统的梳理与分析。在研究初期，学术界主要集中于经典文本的译注工作。然而，随着党中央对宣传思想文化工作重视程度的不断提高，学术界的研究逐渐超越了对经典的单纯解读，更多专家学者开始侧重于对时代的解读。他们从各种研究角度出发，针对不同研究内容深入阐释中华优秀传统文化的思想内涵，这在一定程度上推动了中华优秀传统文化的传承与传播。

目前，学者从不同层次、不同角度对中华优秀传统文化的核心思想进行了深入研究，并取得了丰硕的成果。虽然所阐释的核心理念在一定程度上有所重叠，但这恰恰说明了学术界关于中华优秀传统文化的思想精髓已形成基本共识。

例如，李宗桂（2002）在《中国文化导论》一书中，将中国文化划分为物质层面、制度层面、精神层面，并认为精神思想是中国文化的核心部分。他指出，中华民族长期发展中形成的宗教信仰、国民道德、思想观念、价值理想、审美情趣等共同构成了中国文化的本质，是中华民族文化的精髓所在。

龚鹏程（2006）在《中国传统文化十五讲》中认为，中华文化在世界上是独具一格的。他以"人"为切入点，在阐释传统文化在人的衣、食、住、行、家庭、男女关系、历史观念、感性认知、思维模式、德行担当、社会关系、天人关系、文化实践等诸多方面的引导作用的同时，还与世界其他文化进行比较，分析了其具有的独特性。

钱穆在（2011）《中国文化史导论》一书中提出，中华文化的演进具体表现在中国从古至今的全部历史进程中。他认为，对中国文化的研究应从中国历史的客观层面出发，因为除却历史无从谈文化。钱穆（2012）还别出心裁地将传统文化归纳为宗教与哲学的先秦时期、政治与经济的汉唐时期、文学与艺术的宋元明清时期以及科学与工业的现代时期，并在《中国文化十二讲》中将中华文化的中心思想和主要特质总结为"性道合一"。

陆卫明、李红（2015）在《中国文化精神与现代社会》一书中认为，人文主义是中华传统文化的价值所在。他们结合现代社会，创造性地从以人为本、崇德重义、持中贵和、实践理性核心精神中，挖掘出中华传统文化在治理之道、社会和谐、民主政治、经济发展、精神文明、生态文明六个层面的精神价值。

（二）中华优秀传统文化融入思想政治教育的相关著作研究概况

中共中央、国务院高度重视中华优秀传统文化与大学生思想政治教育工作的结合。随着中华优秀传统文化所蕴含的思政精髓不断被赋予新的内涵、获得新的阐发，为现代问题的解决提供了智慧支撑，其历史意义与时代价值日渐凸显。坚持以马克思主义为指导，如何充分挖掘中华优秀传统文化的宝贵精神财富，实现以文化人、以文育人，逐渐成为学术界的研究焦点。

邓球柏（1999）在《中国传统文化与思想政治教育》中指出，思想政治教育的根本任务是教导人们如何做人、怎样做事，其最终目的是培养高素质的人才。而中华优秀传统文化中蕴含着丰富的为人处世的智慧，这正是中华优秀传统文化与思想政治教育工作的共同之处、交叉之处、结合之处，也是研究中华优秀传统文化融入大学生思想政治教育的主要意义所在。邓球柏教授结合自己对中国文化的研究以及多年在大学生思想政治教育工作中积累的经验，从宏大的视角深入解读、挖掘了《荀子》《老子》《孟子》《韩非子》《大学》等传世经典中所蕴藏的思想政治教育理念。他通过专题剖析老子"无为"的思想政治教育理念、解析孟子以"仁"为核心的思想政治教育理论，极大地加深了对中华优秀传统文化的研究深度，为大学生思想政治教育学科的建设与发展拓宽了道路。

沈壮海（2005）在《思想政治教育的文化视野》一书中，从文化视野出发，深入探讨了思想政治教育的基本理论与具体实践。他认为，思想政治教育与文化之间具有不可分割的联系，特定的文化环境对思想政治教育具有支撑和载体的作用。这一观点进一步拓展了思想政治教育学科理论建设的深度和广度。

赵康太、李英华（2006）在《中国传统思想政治教育理论史》中，结合中国思想史、哲学史、教育史、伦理史等，系统分析了中国历朝历代思想家的思想政治教育主张。他们以中国历史为背景，按照思想政治教育发展的内在规律和中国具体实际，将中国传统思想政治教育分为起点、定向、中和、内向、转向五个阶段，并总结了各个阶段中国思想政治教育的特征，深入阐释了中华优秀传统文化对当代思想政治教育的价值。

顾友仁（2011）在《中国传统文化与思想政治教育的创新》中强调，任何国家和民族都不能忽视与社会发展进程息息相关的传统文化。中华优秀传统文化具备的丰富的思想政治教育资源及其显著的文化育人功效，使其成为中国思想政治教育的基本历史前提和不可或缺的文化语境。

二、相关文献期刊研究概况

党的二十大报告指出，中华优秀传统文化源远流长、博大精深，是中华文明的智慧结晶，其中蕴含的天下为公、民为邦本、为政以德、革故鼎新、任人唯贤、天人合一、自强不息、厚德载物、讲信修睦、亲仁善邻等，是中国人民在长期生产生活中积累的宇宙观、天下观、社会观、道德观的重要体现，同科学社会主义核心价值观主张具有高度契合性。

"以文化人"作为新时代党中央对宣传思想工作以及对培育和践行社会主义核心价值观提出的新策略，已经在学术界引发了关于中华优秀传统文化融入大学生思想政治教育的研究热潮。相较于单独研究中华优秀传统文化或思想政治教育的成果数量而言，目前关于中华优秀传统文化融入思想政治教育的研究仍处于发展阶段，需要进一步深化和完善。

从已发表的期刊论文来看，国内核心期刊上有多篇相关文章，如傅其林的《中华优秀传统文化蕴含全人类共同价值的理论、历史与现实》、刘宁的《中国优秀传统文化与大学生思政教育》等。这些文章或从中华优秀传统文化融入大学生思想政治教育的价值切入，或以面临的困境为研究重心，探讨了多种融入路径。但值得注意的是，从大学生思政教育视角研究"福"文化的成果相对较少，现有研究成果多集中于阐述中华优秀传统文化融入大学生思政教育的价值、路径和面临的困境等方面，对于融入的原则以及内在逻辑的研究还不够深入，尚未形成全面系统的理论体系，需要进一步补充和完善。

（一）中华优秀传统文化的国外研究概况

中华优秀传统文化是我们在世界文化激荡中立足的基石，也是世界了解中国的重要窗口。自党的十八大以来，我国意识形态领域发生了全局性、根本性的转变，文化自信力显著增强，吸引了国外学术界对中华优秀传统文化的研究。例如，扎哈罗夫（Zakharov，2019）深入研究中国传统礼仪的内部与外部两个层面，通过揭示它们之间的相互联系和依存关系，进一步理解传统礼仪在中国传统文化中的重要地位。他指出，关于礼的社会意义等议题，学术界已达成一定共识。随着中国话语和中国叙事体系的不断完善，我国国际传播效能全面提升，中国声音传播至世界每一个角落。在新时代新征程上，中华文化的影响力不断增强，再次激发了国外学者通过中华优秀传统文化探讨中国崛起的研究热潮。

（二）中华优秀传统文化的界定

关于中华优秀传统文化概念的研究，可追溯至 20 世纪 90 年代初期。多数学者认为，中华优秀传统文化具有强大的凝聚力和包容性，其核心在于弘扬爱国主义传统。刘业超（1991）从文化的主体性和总体性出发，结合文化发展的趋势性和曲折性，将"向上"作为界定精华的价值取向，以科学性和民主性为具体衡量尺度，深入阐述了中华优秀传统文化的内涵，并提出了其具有的三大传统特征：超强度的凝聚性、坚韧不拔的务实精神和博大雄浑的包容精神。

进入新时代以来，学术界主要从狭义和广义两个角度对中华优秀传统文化的概念进行界定。黄伟、赵国付（2019）基于党的十九大报告，探讨了对历史唯物主义背景下的传统文化新理解，深入阐释了中华优秀传统文化概念的新用法。他们认为，从宏观层面看，中华优秀传统文化代表中华民族历史文化中的所有优秀文化，具有历史性和整体性的特征；从微观层面看，它具体包含思想观念、道德规范等。赵壮（2021）认为，明确中华优秀传统文化的基本概念及主要特征有助于其效能的实现，需从传统文化、文化传统、优秀传统文化三个方面入手，通过探究三者的外延，概括其历史性、连续性、时代性和包容性四大基本特征。

党的十九届五中全会以来，徐琳、吴建永（2023）结合习近平总书记在文化传承发展座谈会上的重要论述，从马克思主义与中华优秀传统文化的契合性出发，将中华优秀传统文化概括为"兼收并蓄"的理论品格、"以仁为本"的思想内核、"知行合一"的实践观念以及"天下大同"的目标追求。李红兵（2023）认为，中华优秀传统文化是中华民族的文化身份和民族标识，是推动中国式现代化进程、实现第二个百年奋斗目标以及中华民族伟大复兴的根本力量。傅其林（2023）认为中华优秀传统文化是历代中国人民的精神与智慧的具体表现，是中华民族的不竭精神力量，蕴含人类共同性的价值内涵。

（三）中华优秀传统文化融入大学生思想政治教育的价值研究

党的十九大报告中明确指出，"文化是一个国家、一个民族的灵魂。文化兴国运兴，文化强民族强。没有高度的文化自信，没有文化的繁荣兴盛，就没有中华民族伟大复兴。"国内学者对党中央文件的关注度持续升高，他们深入学习并贯彻习近平总书记关于中华优秀传统文化的重要指示、精神与论述，以进一步挖掘和探讨中华优秀传统文化在大学生思想政治教育中的重要价值。

何光英（2021）提出，中华优秀传统文化是厚植中国特色社会主义的沃土，是坚定文化自信、培育社会主义核心价值观的源泉，也是大学生思想政治教育不可或缺的部分。通过将优秀传统文化融入高校文化体系和校园文化建设、思想政治理论课和实践教学、深层次融入高校立德树人的实践中，有助于提高高校教师的文化自觉，加快构建中华优秀传统文化思想政治教育平台和大思政育人体系，从而推动中华优秀传统文化的传承与创新。吴霓斐（2021）认为，中华优秀传统文化是中华民族赖以生存和发展的"根"与"魂"，它对于促进大学生健康成长、培养大学生的使命感与责任感、坚定大学生对社会主义核心价值观的认同等方面有着不可替代的作用，其在大学生思想政治教育中的价值日益显著。

学术界普遍认同，高校思政教育与传统文化的有效融合，能够极大地提升思政教育的人文内涵和情感认同，增强立德树人目标的实效性，有助于青年学生树立正确的价值观，引导他们追求真善美、修炼德行。胡萱、胡小君（2022）提出，中华优秀传统文化在国家、社会、个人层面都蕴含着丰富的思想政治教育元素，具备思想政治教育功能。它是大学生思想政治教育的坚实文化支撑，对当代大学生塑造正确的价值观、形成科学的世界观以及扩展视野具有重要的发展价值。肖望兵（2023）则从教育理念、内容和方法三个层面探讨了中华优秀传统文化融入高校思想政治教育的价值。认为这种融合有助于厚植思想政治教育的理论基础，创新思政教育方式方法，切实提升大学生的道德修养，并进一步增强他们的文化自信。

（四）中华优秀传统文化融入大学生思想政治教育的困境研究

目前，学术界多采用定性分析的方式，针对单一对象或特定阶段进行文化融入思政教育的困境研究。研究重心主要集中在处理教师主导与学生主体的关系、融合教学内容载体形式、整合衔接方法路径以及建立完善评价激励体系等方面。总体而言，中华优秀传统文化融入高校思政教育面临着师资力量较为薄弱、学生认知不够全面、机制体系不够健全等问题。

李宗岩、赵威威（2020）从育人格局的单一性和育人路径的碎片化两个方面，阐述了中华优秀传统文化融入大学生思想政治教育的困境。他们指出，育人格局的单一性影响了大学生思想政治教育的有效性，而碎片化的育人路径使得中华优秀传统文化在大学生思想政治教育中难以形成完整的链条体系。

朱转云（2021）认为，在经济全球化背景下，外来文化的冲击以及传统文化的失语，导致当代大学生对传统文化的主观认同度不高。同时，由于各高校对文化软指标的重视程度不足，多数院校在校园文化建设上的人、财、物力投入相对较少，以中华优秀传统文化为主题的校园文化活动较少，学生参与中华优秀传统文化的实践活动渠道有限，需要进一步拓宽。此外，思想政治理论课教师缺乏对中华优秀传统文化的整体把握，教学形式较为生硬，教学内容浮于表面，未能充分发挥中华优秀传统文化对大学生人文素质的培育作用。

刘有升、林小芬（2022）从整体推进、内化于心、外化于行三个维度，深入分析了中华优秀传统文化融入高校思想政治教育的现实困境。他们指出，整体推进维度的困境主要体现在顶层设计、组织保障和宣传激励三个方面的短板；内化于心不足的原因包括师资建设指向性的缺失、教育方法新颖性的缺乏以及管理方法缺少针对性；而外化于行不深则表现为学生自发性偏低、自觉性偏弱和自为性偏差，这主要归因于学生体悟浅尝辄止、校园氛围不浓厚和社会环境的复杂性。

刘宁（2023）从大学生对中华优秀传统文化的认知不足、学习条件受限以及融入程度不够三个方面，深入剖析了中华优秀传统文化融入大学生思想政治教育所面临的三重困境。他认为，多方面原因导致了中华优秀传统文化融入大学生思想政治教育的步伐受阻。刘宁强调，中华优秀传统文化有效融入高校思想政治教育理论课，依赖于思想政治教育理论课教师不断创新的教学理念和灵活变通的教学方式。

（五）中华优秀传统文化融入大学生思想政治教育的原则研究

学术界对中华优秀传统文化融入大学生思想政治教育的原则研究，多聚焦于中华优秀传统文化与思想政治教育理论课的融合，倾向于遵循正确的意识形态导向等一系列原则进行探索。

张海云（2020）认为，将优秀传统文化融入大学生思想政治教育是增强大学生的文化自信、培育和弘扬社会主义核心价值观、解决思想政治教育理论课在供给与需求之间矛盾的需要。这是思想政治教育理论课发展的必然要求。然而，两者在基本概念、知识体系、主要范畴等方面存在差异，不能简单地叠加，而需遵循政治性、主体性、时代性三大融入原则，将优秀传统文化有机地融入思想政治教育理论课。

邓齐飞、尹长云（2021）在研究中华优秀传统文化融入大学生思想政治教育理论课的意义的基础上，进一步聚焦于原则研究，提出了五大原则：坚持马克思主义思想的指导性与方向性原则、批判性继承原则、取舍与创新原则、适用性原则以及针对性原则。

高一品（2022）深入阐释了中华优秀传统文化融入大学生思想政治教育的原则，强调未来文化发展要以具有中国特色社会主义核心价值观的"新人"为主体，以"立志"为基础，以"学史"为内容，以"德育"为核心。他提出，"兴文化"应以马克思主义为基本原则，以社会主义先进文化为主导，以民族文化为主体，实现价值性与知识性的统一、主导性与主体性的统一、信念教育与文化传承的统一。

徐春妹、钟霞（2023）从地方优秀传统文化融入大学生思想政治教育理论课的角度出发，探讨了其重要意义，并围绕坚持正确的意识形态导向、契合性以及创新性发展三项原则，详细论述了地方优秀传统文化融入大学生思想政治教育理论课的基本路径。

（六）中华优秀传统文化融入大学生思想政治教育的内容研究

专家学者们以经典著作为依据，深入挖掘中华优秀传统文化中与中国特色社会主义核心价值观相契合的内容。他们借助历史典故、文学著作中蕴含的哲学思想，旨在引导大学生树立正确的核心价值观，培育其良好的道德品质，并增强他们的文化自信与民族认同。部分学者建议，通过参与中华优秀传统文化实践活动，让大学生亲身体验中华优秀传统文化的魅力，从而在实践中运用传统智慧解决问题，培养大学生的创新精神和实践能力，实现文化传承与人才培养的双重目标。

袁璐（2022）在阐释了中华优秀传统文化与大学生思想政治教育理论课教学内容相通的可能性后，进一步提出应精准将两者配对，避免盲目供给。她精准挖掘、阐释了中华优秀传统文化中讲仁爱、守诚信、重民本、求大同等核心思想，以及自强不息、勇毅力行等传统美德，并依托经典篇目、人文故事、基本常识、传统技艺、传统文化遗存等载体形式，呈现中华优秀传统文化蕴含的思想资源。在分析教材和学生需求的基础上，她选择将相匹配的内容融入教学，避免"大水漫灌"，确保中华优秀传统文化能够精准契合大学生思想政治教育理论课的爱国主义教育和理想信念教育，切实提高育人成效。

廖丹琪（2023）认为，从教育内容、育人理论、道德实践三个维度融入中华优秀传统文化，既可以促进高校思想政治教育资源拓展和效果提升，又可以实现中华优秀传统文化的传承和发展。她强调，在甄选中华优秀传统文化资源时，应坚持以马克思主义为指导，以社会主义核心价值观为引领，结合思想政治教育理论课的教学内容和话语特点，尊重学生主体性、贴近学生特点、满足学生需求。资源甄选的重心应放在民族精神、人文精神、传统美德、思维方式、实例运用等五个层面，并根据政治导向、教学特点以及主体需求等实际要求，挖掘中华优秀传统文化融入大学生思想政治教育的资源。

张海英、高溪蕊（2023）探讨了文化自信与大学生思想政治教育融合共生的切入点，强调实现大学生的社会性与个体性相统一、打造融合共生的环境，并注重大学生发展的全面性。他们提出，通过资源整合实现教育内容的优化，包括规划设计、内容更新以及方式转变三个层面。他们建议同时关注显性和隐性两种教育形态，以增强教育内容的针对性。在社会主义制度的基本保障下，深层次挖掘优质文化资源，并利用多元化的传播方式营造浸润式的教育环境。以社会主义核心价值观自信为核心教学内容，同时增加文化作品赏析、文化讲坛等文化活动的占比，引导大学生主动传承、传播我国优秀传统文化。

（七）中华优秀传统文化融入大学生思想政治教育的路径研究

目前，中华优秀传统文化融入大学生思政教育的路径研究已取得显著成果。多数研究从课内和课外两个方面，以及制度、师资、教材、教授方式等维度，深入探索了融入的途径。部分学者建议，通过强化师资培训、改革制度体系、优化环境氛围、丰富课程内容以及构建网络平台等方式，特别是利用网络新媒体、微信公众号等新兴媒介，促进中华优秀传统文化高效融入高校思政教育。

曾誉铭（2022）认为，中华优秀传统文化融入大学生思想政治教育面临内容和形式两方面的挑战。内容上，难以平衡"传统文化视界""思想政治教育视界"以及"大学生视界"，导致理论内容与实际脱节；形式上，尚未形成系统、科学、有效的融入方法，师生互动关系不够合理。针对这些问题，他提出了开展基于问题的情景教学，并建议革新教学理念、教学模式、教学方法和教学内容，加强师资队伍建设，建立系统、科学、全过程的评价反馈机制，并增加经费投入。

马抗美、吴优（2023）揭示了中华优秀传统文化融入大学生思想政治教育的时代价值，强调了其在铸牢大学生中华民族共同体意识、提升国家文化软实力等方面的重要性。针对当前融入过程中存在的教学内容缺乏系统性、教学队伍缺乏专业性等问题，他们提出了挖掘中华优秀传统文化的鲜活素材、创新教育教学的时空领域等实践路径。

冯琳琳、李丽荣（2023）认为，思想政治理论课教师是连接中华优秀传统文化与大学生思想政治教育理论课的关键桥梁。优化师资队伍是促进两者有效融合的重要保障。他们建议，在学理上组织教师加强对中华优秀传统文化的理论研究，挖掘其与大学生思想政治教育的理论关联；在机制上高校在建立常态化、多形式、全方位的培训机制；同时，创新教学方法、加快课程改革进程，并主动挖掘中华优秀传统文化的鲜活素材。此外，利用社会实践活动、多媒体资源等开拓教育教学阵地，结合当地文化资源建立实践基地，并运用新媒体如短视频、公众号等形式打破教学的时空限制，使大学生思想政治教育更加生动、富有活力。

第三节　"福"文化融入思想政治教育研究概况

中华大地孕育了众多中华优秀传统文化，如追求天下大同的儒家文化、崇尚自然之道的道家文化、体现艰苦奋斗精神的客家文化、为人民谋幸福而不畏牺牲的红色文化，以及开放包容、谋求共同发展的海丝文化等。深入探究这些文化的本质，我们不难发现，中华民族诸多文化的最终目标都指向了对"福"的追求。换言之，"福"文化是儒家文化、海丝文化、红色文化等文化的精神内核，而中华文明则是"福"文化的具体展现。

截至 2023 年 9 月，在诸如中国知网等检索网站上，以"福"文化和思想政治教育为关键词进行检索，尚未发现相关研究文献被正式收录于学术论文数据库。这一情况表明，当前学术界有关"福"文化如何融入大学生思想政治教育的研究资源相对匮乏。尽管部分学者已经从红色文化、海丝文化、客家文化等"福"文化的某一分支入手，探讨了它们融入大学生思想政治教育的价值、面临的困境以及实施路径等，但整体来看这一领域的研究仍需深化和拓展。

本书旨在梳理当前关于"福"文化融入大学生思想政治教育的已有文献，以期为后续的深入研究提供参考和借鉴。

一、"福"文化融入大学生思想政治教育的研究概况

在广袤的中华大地上，五十六个民族和谐共处，各族人民在这里繁衍生息，共同谱写着奔向幸福的历史新篇章。在文化的交流与碰撞中，各民族所特有的"祈福"文化、"福"观念、"福"思想与其他民族文化交融，共同形成了"福"文化，生动展现了其和谐、开放、包容的鲜明特征。

学术界的研究主要聚焦于红色文化、海丝文化等"福"文化中的某一分支，深入挖掘其在思想政治教育资源方面的价值。作者通过梳理相关文献发现，国内学者普遍认为"福"文化及其包含的多种文化在价值引领上与社会主义核心价值观高度契合。其中，侨批文化、海丝文化等尤为具有代表性。

侨批文化广泛分布在广东和福建。在闽南、潮汕等地的方言中，"批"指称"信"。侨批即是海外华侨通过邮局、金融机构等民间组织汇寄给侨胞的汇款暨家书，这是一种信、汇合一的特殊邮传载体。鸦片战争后，大量福建籍、广东籍的华人华侨移居海外。由于通信技术、交通运输和金融服务等客观因素的限制，他们与家人的联系多采用书信的方式，并常在书信中夹带汇款信息。由此产生了"平安批""账册""票据"等各类家书和

汇款汇物，逐渐形成了独特的侨批文化。

侨批文化蕴含的勤劳致富、孝亲顾家、心系国家的文化内涵，充分体现了"福"文化中"乐善好施、福泽同胞、团结一心、回报桑梓"的精髓。其所展现的艰苦创业、自强不息、爱国爱家精神，深刻诠释了"福"文化中"劳动创造幸福""家庭和美""德福兼备"等核心思想。侨批文化承载着侨胞奋斗造福的精神，饱含着他们对美好生活的期盼，以及侨眷对亲人深深的祝福。它是社会主义核心价值观在公民个人层面爱国、敬业、诚信、友善价值准则的一个生动实践，塑造着后人的价值理念，成为激励人们前行的强大动力。

高汉忠、肖慧欣（2020）认为，侨批文化蕴含的家国情怀有助于培养当代大学生的爱国主义情怀。他们梳理、总结了侨批文化中蕴含的爱国主义思想政治教育资源，认为侨批文化承载着近代中华民族的辛酸与血泪，侨胞爱国爱乡的故事是大学生爱国主义教育的生动素材。例如，在"思想道德修养与法律基础"课程中融入侨胞求生存、谋发展、艰苦创业的故事，不仅可以生动形象地阐释爱国主义教育理论，还能使侨批文化中抽象的爱国主义精神具象化，有助于大学生树立乐观进取的人生观。他们还提出，侨批文化是连接海内外中华儿女的纽带，将侨批文化蕴含的爱国主义、自强不息、无私奉献、诚信重德等精神融入大学生思想政治教育，有助于培养大学生的民族自豪感、增强文化自信，树立对中华民族和中华文化的归属感和认同感。

"福"文化融入大学生思想政治教育，是对习近平总书记关于传承和弘扬中华优秀传统文化重要论述的贯彻落实，也是推动中华优秀传统文化与大学生思想政治教育相结合的重要途径。新中国成立以来，人们的生活发生了翻天覆地的变化，中国人民对幸福的追求不再局限于物质层面的满足，而是更多地追求国家富强、社会安定、公平正义、生活环境宜人以及"福有所依"等精神层面的满足。"福"文化所蕴含的和谐、奋斗、开放包容等精髓与社会主义核心价值观高度契合，是引导大学生自觉践行社会主义核心价值观的重要内容。

海丝文化，即海上丝绸之路文化，是中国古代东西方文化、经济交流碰撞的重要产物。海上丝绸之路是古代中国与世界交流的重要渠道，各种文化通过海上丝绸之路传播进入中国，与中华文化交融，最终形成了独特的海丝文化。由海上丝绸之路带动的文化碰撞和融合推动了世界的发展和进步，海丝文化也逐渐被赋予了开放、交流、融合的特色。

海丝文化所蕴含的"友善、互惠、共生、包容、坚韧"等文化内涵，充分体现了"福"文化中的和谐是"福"、奋斗造"福"、开放包容等精髓，同时也体现了"福"文化在助力青年大学生广泛践行社会主义核心价值观方面的重要作用。这种文化精神不仅彰显了创造幸福生活、共建美好社会的鲜明特征，也为大学生思想政治教育提供了丰富的素材和深刻的启示。

赵秋爽、苏天恩（2017）认为，将海丝文化融入大学生思想政治教育，有助于弘扬中华优秀传统文化，推动思想政治教育课程内容改革，提升大学生综合素质。他们提出了将海丝文化融入学校教学、社会实践、志愿活动等多个方面的具体举措，并建议以古城名胜古迹、历史名人、民俗文化等为素材，开发海丝文化特色教材，开设相关选修课程，以营造特色鲜明的校园文化。

陈章桃、章娇娜（2018）在分析了海丝文化融入大学生思想政治教育的可行性和必要性后，从大众化、特色化、品牌化以及顶层设计的系统化四个方面，探讨了海丝文化融入大学生思想政治教育的路径。他们强调了在思想政治理论课程中融入海丝文化的重要性，并提出了通过实践教学、结合专业学科建设等多种方式，促进海丝文化的创造性转化。

聂莹（2021）将海丝文化的精神文化概括为包容精神、拼搏精神、家国精神和诚信精神，并认为海丝文化所蕴含的丰富内涵和价值追求与社会主义核心价值观在国家价值目标、社会价值导向和个人价值准则方面存在众多契合点。例如，海丝文化所展现的爱拼敢赢、开拓进取的拼搏精神与坚定建设富强家园的信念，与社会主义核心价值观中建设"富强"国家的价值目标不谋而合；同时，海丝文化蕴含的互利共赢精神，即求同存异、共同发展，形成命运共同体，实现互惠互利的理念，与社会主义核心价值观倡导的"自由、平等、公正、法治"理念保持一致。

二、研究评述

综上，尽管目前学术界在中华优秀传统文化融入思政教育方面取得了丰硕的成果，但针对"福"文化融入高校思政教育的研究仍显薄弱。主要存在的问题如下。

第一，研究视角尚待拓展：现有研究多从思政教育或文化传承的单一视角展开，成果多聚焦于文件解读、必要性分析和路径探究等方面，而对"福"文化这一中华民族文化根脉的利用研究尚不充分有效。对于"福"文化与高校思政教育之间的耦合关系阐释较少，对二者耦合机理的学理分析深度还需进一步加强。

第二，研究内容亟待充实：现有的"福"文化育人研究呈现出零散化、碎片化的特征，对"福"文化从历史发展脉络和精神内核层面进行归纳和总结的力度尚显不足，尚未形成完整的"福文化元素一本账"和"特色文化一张表"。关于"福"文化与思政教育耦合优化的困境、问题及其成因还有待完善，二者耦合路径的研究尚未形成全面系统的对策体系。

第三，研究方法有待提升：思政教育与文化研究涉及多学科知识，现有研究多采用调查问卷法和描述性分析法，对已有文献进行借鉴和总结。立足高校的实证分析尚存在较大的研究空间，方法的规范程度和理论价值有待进一步考量与提升，综合多学科知识的研究有待进一步深化。

第二章 "福"文化概述及其融入高校思想政治教育的主要内容

第一节 "福"文化概述

一、"福"文化的内涵研究

"福"是千百年来中国人一直不懈追求的目标。自从人类文明诞生以来，幸福始终是人类所关注的首要问题。"福"涉及人类生活的方方面面，对"福"的理解和追求也因人而异：阖家欢乐、儿孙满堂是"福"，年成好、财运旺盛也是"福"；升官加爵是"福"，无灾无病、身体安康也是"福"；吃喝不愁是"有口福"，工作闲暇之余品茶、散步、访友也可称为"享清福"。"福"是中国人几千年来在祈求满足各种美好愿景时，使用频率最高的一个字。在中国传统吉祥文化中，中国人所表达的"福、禄、寿、喜、财"这五种美好愿望中，"福"不仅位列第一，而且其含义可涵盖其他四种，即升职（禄）、长寿（寿）、逢喜事（喜）、发财（财），均被称为"有福气""得福"。

时至今日，"福"仍然贯穿于中国人日常生活中的各个方面，如家中长辈身体健康、儿孙孝顺就是"有福分"的表现，升职加薪、逢凶化吉等一切美好的事物均被称为"福"。若将"福"的含义简单地概括为幸运和一切好事，则无法完全表达"福"的深层含义。因此，深入探究"福"所涵盖的内容并阐释其真正含义，对于厘清"福"文化的现代价值具有重要意义。

（一）"福"字的演变过程

"福"字的历史源远流长，它在中国人的心中作为一个具有吉祥寓意的字符存在。中国古代的文字主要是象形文字和会意字，通过形象化的手法表达抽象的概念，反映其深层意义。可以通过其造型探究古代中国人在创造这个字时所赋予的原始含义。

最初的"福"字是一个会意字，即将形容好运、祈盼的抽象概念，用"福"字形象地表达出来。在中国历史的长河中，我们的祖先曾先后创造过一百多种不同字形的"福"字，仅记录在《甲骨文编》中的"福"字就有五十种构型。最早出现在甲骨文中的"福"字，是两只手捧着一尊器具的形状，这象征着向神明和祖先奉献。其中最为主要和常见的是人双手捧着器皿向神明献祭的构型。人的双手（⺕）以及器皿（𥳐）组合成的福字（🍶），意为双手捧着装满祭品的器皿（畐），用来敬献给上苍，希望神明实现为祈祷之人带来好运的目的。

随着文明的进步和时代的发展，" 🐘 "这一图画式象形文字又演变出新的文字样式。" 🐘 "，即由祭祀者双手捧起装满酒的器具进行祭祀、祈祷。器物为"酉"，是古代用来盛放水、粮食和酒的容器。"酉"字是象形字兼会意字，形象酒坛，字从西。"西"本指"西方"，在中国古代文化中，西方与"秋季"搭配，"秋季"则意味着庄稼成熟，而古代庄稼以粟、黍、稻等谷物为主，因此"西"转义指"谷物成熟"。由于"酉"字形如盛酒的器具，因此，" 🐘 "就像人双手捧着盛满酒的器皿敬奉神明。上面的两点表示溢出的酒，后来被引申为"酋"字，表示双手敬奉盛满酒的酒具给首领，表示受敬者的尊贵。后来，"酋"字又演变为"畐"。"畐"在古代是一种盛酒的酒具，"畐"旁有"示"组合成"福"字。"福"在商朝是商人举办祭祀活动的形式和内容中的一种，祭像持肉，福像奉尊。从"福"字的字形可以看出，"福"的意思是捧着酒尊祭祀。古人认为鬼神与人一样也喜欢喝酒吃肉，因而祭祀要将酒肉奉献给鬼神。酒肉丰盛完备，神灵吃饱喝足，就会降福、保佑祭祀者。之后"福"字也引申出祭祀时专用的供品的含义。在《辞海》中，对于"福"的解释便是"祭祀用的酒肉"，以及《抱朴子·道意》中记载"然虽不屠宰，每供福食，无有限剂"，其中的"福食"也解释为供奉神明用的食物。

（二）传统"福"文化的内涵

中国"福"文化的历史悠久，千百年来人们祈"福"、虔诚礼拜，希冀幸福临门、福运绵延，中国人对"福"的理解和期盼是对"福、禄、寿、喜、财、吉"等众多吉祥文化概括出的一种美好期望，而这种美好的愿景和期待，其根源在于长久以来在人们的意识中形成的价值观念，最终形成"福"的文化观念内涵。

1. 中国传统"福"文化的产生

中国传统"福"文化与人类文明的产生同步，常见于人们日常生活中，长久以来始终扎根于中国上下五千年的文明土壤之中，至今仍焕发着顽强的生命力。它常以"福禄""福寿"等组合的形式出现。"福"字最早为会意字，表现为一个双手高举器皿的姿势，生动描绘了古代祭祀场景，意在向崇拜物祈祷赐福保佑，祈求好运。因此，"福"字本义为"向上天祈求好运"。春秋时期《左传·庄公十年》中记载："小信未孚，神弗福也"，意为小的信用并不能取得神灵的信任，神灵是不会保佑你的，其中的"福"字即指赐福、保佑。

近代以来，中国人对"福"字的含义有了更生动的诠释。有衣服穿、吃得饱饭，即被认为是"有福之人"。而对"福"的理解也逐步扩展至幸福。随着现代社会生活水平的提高，人们在物质生活上得到了极大的满足，开始逐渐意识到精神世界的"福"才是真正的"福"。因此，衍生了对于"福"的多方面解释，例如：平安是"福"，吃亏是"福"，奋斗是

"福"等。由此可见,中国传统"福"文化具有较强的包容性和延伸性,凡是对美好事物的追求与表达都与"福"相关。中国传统"福"文化在中华民族的发展中始终扮演着至关重要的角色,更在中华文明的发展史上留下了不可磨灭的印迹。

中国传统"福"文化是一种独特的民俗文化,深深扎根于中国的土壤之中。从原始社会向苍天的祈祷,到现代人们对精神世界的追求,中国传统"福"文化也从对神灵的崇拜,逐步演变成为如今构建发展和谐社会的主流思想。它寄托着人们对美好生活的憧憬和向往,承载着人们对幸福的理解和追求。从中国传统"福"文化这一视角,我们可以窥见整个中华民族的价值观。自人类诞生伊始,人们对"福"的追求便从未停止。作为中华优秀传统文化的重要组成部分,中国传统"福"文化是我国劳动人民思想发展的结晶,也是构建中国特色社会主义和谐社会的珍贵思想资源之一。

2. 中国传统"福"文化的发展

《尚书·洪范》记载"五福:一曰寿,二曰富,三曰康宁,四曰攸好德,五曰考终命",即寿考、富裕、健康安宁、修养美德、年老善终这五种是受广大百姓所仰望的福祉。这是有关中国古代"五福"观念的最早文献记载,也是一个比较完备的思想,为传统的"五福"的基本内涵奠定基调。

自古以来,长寿就是人们心目中最重要的诉求之一,命不夭折且绵长是人们的普遍愿望。生命是人存在的基础,失去生命则其他一切皆为空谈,拥有绵长的生命是人能够体验并享受人生的首要前提,因此,健康长寿是理想人生摆在首位的条件,古人遂将"寿"置于所有"福"的首位。

　　富即富庶，指财产富足、地位尊崇，拥有良好的经济条件是使物质生活充裕的必要条件。甲骨文中"福"与"富"具有相似的形态，"福"代表好的运气，而"富"则表示拥有丰厚的财富。《礼记·郊特牲》中也有相应的记载："富也者，福也。"指"富"与"福"相通。可见，古人认为"富"在一定程度上代表着"福"，对"福"的理解包含"富"这一层的含义。传统的"百福图"中就有以"富"字来表现"福"的例子。成语中"富国安民"与"福国利民"含义相近，如清代林则徐在家书中道："盖以身许国，但求福国利民，与民除害。"《后汉书·许杨传》也有："明府今兴立废业，富国安民""诚愿以死效力"。其中"福国利民"与"富国安民"释义一致，均指为国家和人民谋福谋利，"福"与"富"含义相通。由此可知，古代中国"福"与"富"相通，体现了人们追求财富与富裕的世俗愿望，因此"富"位居五福的第二位（叶真铭，2017）。

　　康宁意为身体健康且心灵安宁平静，人所处的生活环境以及人们的生活状态及其影响下的人的情绪是判定生活水平的重要指标。因此，健康的身体和宁静的心情同样深受人们的重视。在某些情况下，平静祥和的状态的重要性甚至超过了人们对财富的渴望，古人认为平安是福，并将康宁置于"福"的第三位。

　　攸好德，即"所好者德也"。攸意为有所，好代表喜爱，因此可以解释为所喜爱的便是道德与德行，即夸人有德行便是有福气。古人在重视外部环境和条件的同时，也注重自身素质和修养，宽厚仁慈的德行和行善积德是完美人格的一种体现，而受到他人的尊敬和爱戴则更是精神上的需要。拥有生性仁善、宽厚宁静的德行，即拥有最好的"福相"，因为德是"福"的原因和根本，"福"是德的结果和表现，以此敦厚纯洁的"好德"，随时布施行善，广积阴德，才可以培植其他四"福"并使"福气"不断增长。因此，攸好德位居"福"的第四位。

考终命意指人在生命结束时能够获得善终。诚然，所有人的生命最终都会结束，但如何结束关系到人生在终点时的幸福程度。身体没有遭受病痛，心里没有挂念和烦恼，安详且自在地离开人间，即所谓的寿终正寝，是人生在世的最终追求，而善终则是一种完美的境界，人的一生将由此画上圆满的句号，因此，"考终命"也被视为一种终极之"福"，并受到人们的重视。

以上五个方面的内容可以说将人们对美好生活状态的向往具体化，不但涉及物质层面的需求，同时更关注到了精神层面的需要和追求，古人试图以此达到近乎完美的理想境界。

对于《尚书》中的解释，在《韩非子·解老》中有相近的阐述："全寿富贵之谓福"，"全寿富贵"是一个无论从时间空间，还是从物质精神层面来看，都堪称圆满的标准。其中，"全"指身体健全；"寿"指尽享天年；"富"指财货富足；"贵"指名望显赫。这四样东西本身就是人们毕生追求的。"全与寿"是人类先天具有的东西，需要我们小心爱护珍惜，不能因自身的无知而让身体残缺或生命停止。"富与贵"则是后天努力的结果，需要我们为之奋斗，不能因自身的过失而让富贵流失。古人认为，获得"全寿富贵"的唯一途径就是明事理，如果凡事都按事理而为，"全寿富贵"自然会有。福自天来，就看依靠自身的努力能够获取多少，凭借自身的德行又能够留住多少。而庄子则说"平则福"。庄子所说的"平"，蕴含着平凡、平安、知足的意思，是告诫人们要知足常乐；在满足基本物质需求之后，要让身心不那么疲惫，要适当地克制欲望。这与现代社会所推崇的"钱够花就好，衣服够穿就好，东西够用就好""小富即安""小资生活"等理念相吻合。这两者都包含了富贵、长寿、平安的概念。

汉代桓谭所著《新论》一文，对《尚书》中"福"的概念进行了阐释，并对"福"的理解做了一些局部的修正："五福，寿、富、贵、安乐、子孙众多。"其中增加了"安乐"和"子孙众多"的观点。当时处于农业社会，生产力不发达，社会保障力极低，长辈年迈需要子孙赡养，因此，子孙众多也就成了五福之一，而"攸好德"则退出了五福之列。

到了魏晋南北朝时期，由于长期的分裂割据与战乱，同时北方少数民族大量进入中原，中原人民则大量向南流动，这些都极大地促进了民族融合与文化融合。文化的流动和融合也使"福"字图案产生了相应的变化。同时，魏晋南北朝时期的思想文化逐渐开放，儒学独尊的文化局面被打破，玄学兴起，道教得到充分的发展，人们对于美好生活的期盼更加强烈，福星的形象也更为具体、完整。因此，五福的排列顺序在以往基础上有所变动，为"福、禄、寿、喜、财"。

（三）中国现代"福"文化的内涵

1. 中国现代"福"文化的精神

"福"文化与中华文化相伴而生、同步发展，是中华文化的根脉，深深植根于中华民族的血脉之中。人们对"福"文化的理解，主要聚焦于自然、和谐与积极向上的人生理念。追求幸福人生是人类最原始的愿望，也是人生最伟大的梦想。幸福是几千年来人们共同的梦想和追求。然而，历史上，人们实现幸福的道路却充满了曲折。

回顾中国几千年的发展历史，古代农耕社会的生产力低下，对自然灾害的抵御能力极差，劳动人民连最基本的温饱都难以得到保障。自阶级社会产生以来，由于统治阶级的剥削和压迫，社会财富和权力集中在极少数人手中，受压迫的部分普通老百姓根本谈不上幸福。中国共产党以经济建设为中心，解决民生问题，创造物质财富，让百姓享受衣食之福；建设平安中国，为人民的幸福生活提供基本保障；构建和谐社会，促进精神文明建设，增强人民的幸福感。中国共产党正带领全国人民走向新时代的幸福之路，使人们对幸福生活的期盼和梦想变为现实。

现代人对古人知福、惜福观念的最大发展，在于将现代科学理念融入幸福思想中，实现了幸福生活的可持续性。古人的知福思想旨在理解幸福的本质，引导人们调节过度的欲望，学会知足常乐。古人的惜福思想则强调幸福生活的易变性，号召人们珍惜眼前的幸福。中国共产党在阐释可持续发展思想时，体现了对经济发展规律的科学认识，引导人们以科学理念去理解和追求幸福。因此，幸福的内涵随着时代的发展而不断丰富和提升，现代人的幸福生活在科学的规划下变得更加稳定持久，科学理念有助于我们更深入地认识福祸的转化规律，从而实现幸福生活的可持续性。

"损人谋福为恶，以诚求福为善，为民造福为贵"（仲富兰，2015）是传统"福"文化的精髓。要想获得福，一要有德，二要有才，三要先造福社会。只有这样，才能从祈福到谋福，最终享受幸福。自中华人民共和国成立以来，特别是改革开放以来，中国共产党以为人民谋幸福为根本宗旨，全面、深入地领会了古人知福、惜福、积福、修福、造福、享福等"福"文化中心思想的精髓，将中国传统的"福"文化融入现代幸福生活的创造之中，使幸福成为一种能力。如果说知福、惜福是现代"福"文化的观念层面，那么为民造福则属于现代"福"文化的实践层面。

习近平总书记将中国共产党为人民谋幸福的蓝图绘制为中国梦，中国梦的实质就是中国人民的幸福梦。他强调："中国梦归根到底是人民的梦，必须紧紧依靠人民来实现，必须不断为人民造福。"这一惠及于民、为人民谋福祉的伟大理念，与中国传统"福"文化所体现的生活观念及价值观高度契合。习近平总书记高度重视为人民造福，他指出"幸福都是奋斗出来的""奋斗本身就是一种幸福""只有奋斗的人生才称得上幸福的人生"。造福是国家对每个公民的具体要求，努力奋斗是实现幸福的正确途径。

2. "福"文化的现代社会意义

现代汉语中的"福"字是由"礻""一""口""田"四部分组成。"礻"有福禄之意，所谓"一口田，衣禄全"，可见现代福字继承了古人期盼美好生活的追求（刘洋，2009）。时至今日，虽然丰衣足食已不再是人们首要的需求，但"福"文化作为中华优秀传统文化的重要组成部分，对当今社会仍具有重要意义和价值，需要我们进行创造性转化和创新性发展。

"福"文化既是中国历史发展的内在思想动力，也是建设富强民主文明和谐美丽的社会主义现代化强国的宝贵资源，彰显了中华民族的大智慧。我们应站在新时代、新征程的高度，传承与传播传统"福"文化，深入挖掘其思想精髓，展现其在新时代促进中华民族和谐文明发展的文化魅力与永恒价值。

一是知福、惜福。知福、惜福的前提是理解幸福的本质，从而更好地珍惜幸福生活。古人对"福"的理解为我们提供了借鉴和参考："平民肯种德施惠，便是无位的公相；士夫徒贪权市宠，竟成有爵的乞人。"（《幽

梦影 菜根谭》）"无病之身不知其乐也；病生，始知无病之乐矣。无事之家不知其福也；事至，始知无事之福矣。"可见，悠闲的生活、健康的身体是幸福生活的重要组成部分。古人将福与祸联系起来辩证地看待，这更值得我们深入思考。《老子》第五十八章提道："祸兮，福之所倚；福兮，祸之所伏。"福与祸是命运的两面，它们互为因果，在一定条件下可以相互转化。《荀子·劝学》曰："福莫长于无祸。"这表明无祸便是最大的福。趋福避祸是人之本能，而造福需要努力，避祸又须谨慎。祸福相依，惟人招致。西汉刘安《淮南子·人间训》中"塞翁失马"的故事，为后人留下了"塞翁失马，焉知非福"的启示。唐代名臣魏徵在《十渐不克终疏》中也说："祸福无门，唯人所召。人无衅焉，妖不妄作。"陶渊明在《命子》诗中亦言："福不虚至，祸亦易来。"古人福祸相倚的忧患意识在现代社会仍对我们有着重要启示。

与封建社会相比，当今社会的物质极大丰富，生活水平得到极大提高，但大多数人对幸福的感受力反而下降了。究其根本，是物质欲望太过强烈，超出了正常的生活需求。因此，我们要学习古人克制欲望的思想，满足合理的欲望，调节过度的欲望。同时，我们还要认识到祸福转化的道理。在经济飞速发展的今天，各种社会问题也随之出现，如公民道德意识薄弱、经济发展不平衡、外来文化冲击、法治监管不足、贫富分化加剧等，这些都严重影响着人们的生活质量和幸福指数。保持居安思危的清醒意识，消弭祸患于萌芽之中，是稳定我们幸福生活的保障。

二是积福、修福。积福、修福意味着将幸福生活建立在德性之上，以确保其正当性。传统文化中的儒释道都蕴含"德福报应"的思想。儒家强调德福一致、德福一体。《易经》有言："积善之家，必有余庆。"儒家以忠、孝、仁、义、礼、智、信等品德修身，认为只有如此，才能得到齐家、治国、平天下之福。孔子曾说："君子谋道不谋食；君子忧道不忧贫。"（《论语·卫灵公》）又言："富与贵，是人之所欲也，不以其道得之，不处也。"（《论语·里仁》）孟子亦言："富贵不能淫，贫贱不能移，威武不能屈。此之谓大丈夫。"（《孟子·滕文公下》）正如汉代枚乘所言："福生有基，祸生有胎。"儒家认为，"福之所钟，不可以谦逊免；道之已丧，不可以智力求"。佛教则讲行善与福报，有"广种福田"之说。道教则主张清静无为、见素抱朴、坐忘守一的修炼和养生。从儒释道三家的思想来看，都将"福"文化建立在德性论的基础之上。这种修身正己的道德幸福观至今仍应提倡，真正的幸福生活不是一夜暴富，更不是通过歪门邪道、损人利己的行为获得的，而是通过勤奋学习、努力工作、遵法守纪等正当途径来获取，是自身努力的结果。

三是造福、享福。造福即奉献，即谋福，只有造福才能享福。古人云："有福不可享尽，有势不可倚尽。"意味着富人和贵人应因时布德，造福一方。更难能可贵的是，古人云"做官乃造福之地，而人以为享福之地"，古人将做官的本质理解为造福百姓。孔子曾提出人生奋斗的三个境界，"修己以敬""修己以安人""修己以安百姓"，即一个人首先要通过自我修养成为君子，然后帮助周围的人快乐生活，最终使所有百姓都幸福快乐。范仲淹的"先天下之忧而忧，后天下之乐而乐"的忧乐观，也正确地反映了造福与享福之间的关系。这些关于实现百姓生活幸福的理想，理应在现代社会加以提倡。古人尚能有如此境界，现代公民更应严格要求自己。幸福不应仅限于满足自身，更应充分发挥自己的才智和潜能，为身边的人乃至整个国家和全人类谋取幸福。水稻专家袁隆平致力于杂交水稻的高产研究，最终解决了十几亿中国人的温饱问题。无数科学家树立科技报国的理想，将为国家富强、民族振兴、人民幸福贡献力量作为毕生的追求。这种为他人、为社会谋幸福的高尚精神是中国"福"文化的终极追求，值得世代传承下去。

知福思想有助于我们更好地明晰幸福生活的本质，惜福思想则提醒我们珍惜来之不易的幸福生活；积福和修福思想规劝我们将对美好生活的追求建立在德性的基础之上，造福思想激励我们积极地为人民谋取幸福生活。总之，"福"文化有助于我们更好地领悟人生的真谛，感受内心的幸福，珍惜人生的经历，用积极行动创造和体验幸福人生。"福"是人生观与价值观的精神向导，是人生的终极财富，也是人类行为的根本出发点。"福"亦是中华儿女的精神寄托，为每一个中国人民所认同和推崇，是推动中华民族不断发展前行的最强有力的精神动力。

二、"福"文化的表现形式

"福"文化以其深厚的历史底蕴在中华传统文化中脱颖而出，是中华传统文化中的一个重要分支。它承载着中华民族对幸福美好生活的精神追求，是中国特色社会主义植根的文化沃土。"福"文化从华夏大地独特的历史文化中衍生形成，彰显出"一方水土养一方人"的文化特色。"福"文化反映了中华儿女的性格特征和文化基因，是中华民族智慧的理性显现和内在表达。中华民族用各种形式演绎"福"元素：从丰富多样的传统技艺到多姿多彩的民俗活动再到举世闻名的中华美食，都能见到"福"文化元素的影子（发展研究期刊编辑部，2023）。

（一）传统技艺中的"福"文化元素

世世代代在华夏大地繁衍生息的中华儿女，自小就在"福"文化的熏陶下、在"福"思想的浸润中成长，他们以各种形式诉说、描绘、传承、演绎着"福"文化：从脍炙人口的口头文学、举世闻名的美术作品到美轮美奂的建筑装饰，无一不表达着中华儿女对"福"的渴望与追求。

1. 以口头文学纳"福"

口头文学是一种通过言语和记忆来保存和传递的文学形式，具有独特的语言艺术魅力。它不仅是大众娱乐的方式之一，更是理解和研究文化的重要窗口。口头文学的内容包罗万象，笔者调查发现，口头文学与"福"文化之间存在着深刻而复杂的联系，口头文学是"福"文化传承的重要形式。在中华五千年的历史长河中，流传着众多与"福"文化有关的口头文学：民间典故、民谣等都蕴含着丰富的"福"思想。

（1）民间典故里的"福"思想

典故中的"典"指典籍，"故"指故事。民间习惯把典籍中脍炙人口的故事称为典故。民间典故与当地的风土人情密切相关，并在流传过程中不断完善，发展成为口头文学的一类分支。与"福"文化有关的民间典故丰富多样，单是和"福神"相关的民间典故就衍生出多种说法并在各地流传。

"岁星"（现称"木星"）是最早的福神。岁星之所以成为福神，与远古人们对星辰和农业的自然崇拜密切相关。早在两千多年前，天文学家观星发现，岁星的公转周期约为 12 年（实际是 11.86 年），与旱涝灾害、农业丰歉的周期有一定的联系。秦以前，农民根据岁星的运行来确定春耕、夏种、秋收、冬藏的时间，以确保农作物的生长和丰收。岁星经过东方，是播种春作物的时机；经过西方，则代表秋天的到来，是收获作物的时期。中国古代，民以食为天，象征农业的岁星被寄予厚望，因此岁星又是农业之星，并引申出"福星"的说法。民间就常用"福星高照，福满家园"的口头用语来传达祝福。

后来，随着人们对人本主义思想的重视，福星逐渐被人格化，演变成我们熟知的"福神"形象，广为人知的福神有阳城和赐福天官。

《三教搜神大全》记载："福神者，本道州刺史杨公讳成。"福神由官员阳城所化，据说在唐朝，道州地区有很多侏儒，历年，道州都会选取部分侏儒送至朝廷作为玩物。唐德宗时，道州刺史阳城上任后，即废此例，并拒绝皇帝征选侏儒的要求。道州人感激阳城的善政，不仅以他的名字来命名州城，还自发筹款为阳城建寺设庙，日日供奉，尊称他为"福神"，阳城的名声由此渐渐传开，成为"福神"的代表人物。后人整理和阳城有关的口头文学，将阳城的故事经过加工记载在《新唐书·阳城传》中："（道）州产侏儒，岁贡诸朝。（阳）城哀其生离，无所进。帝使求之，城奏曰：'州民尽短，若以贡，不知何者可贡？'自是罢。"

"赐福天官"也被视为福神之一。据《三教搜神大全》记载，赐福天官全称为"上元一品九炁赐福天官元阳大帝紫微帝君"。相传，在每年的正月十五（天官诞辰之日），天官会降临人间，负责监察人间一年的吉凶祸福。在民间"赐福天官"画像中，天官大帝手执写有"天官赐福"四个大字的卷轴，眼前是飞翔的蝙蝠，寓意"福（蝠）到眼前"。民间流传着诸如"天官赐福,吉祥如意""天官赐福,百福骈臻""天官赐福,平安喜乐"等和赐福天官有关的祝福语。在春节或其他重要节日,人们会举行各种仪式和活动,如烧香、悬挂"福"字和天官赐福的画像,以祈求赐福天官的庇护和好运。这些活动充分表达了人们对未来一年幸福生活的期盼。

尽管大多民间典故并不依赖于历史事实的验证,而是基于真实生活的逻辑进行描述,但是它往往反映了百姓对幸福生活的向往和追求。通过对这类以民间典故为表达形式的口头文学的研究,可以使人们更好地理解中国传统文化中对于"福"的独特理解和表达方式。

（2）民谣里的"福"思想

民谣是常见的口头文学形式之一。民谣传递了地方文化的独特魅力,是描绘地方特色和风土人情的重要载体,充分展现了华夏大地的历史、风俗民情和文化需求。民谣常寄托着"福"的思想,如福建福州的疍民贺年歌、福建闽南地区的童谣《福娃说福》、东北地区的特色秧歌舞、广西壮族自治区的壮族山歌、湖北的民歌《幸福歌》等。

唱贺年歌是福州疍民在农历正月初二至初四向岸上的福州人讨粿时所唱的民歌。贺年歌曲目繁多,通常都表达对"福"的期盼。歌词融入了福建地方方言、风土人情和历史文化等元素,充分展现了福建的文化特色和地域特点,不仅让人们感受到节日的喜庆和欢乐,还表达了人们对幸福生活的向往和对美好未来的期盼。福州传统歌谣《姑嫂贺年歌》就是一首温馨和充满祝福的歌曲。在歌曲中,姑嫂二人不仅互相祝福,祝愿对方身体健康、家庭幸福,还表达了对新一年的美好期许,希望生活中好运连连、事事顺利。歌词唱道:"正月正头开大门,姑嫂双双来贺年;看见龙凤两飞翔,红红橘灯挂厅前;船下贺年有规矩,好斋好粿送乞奴;只求吉祥和福利,阖家平安赚大钱。"歌曲旋律优美、欢快,歌词寓意深刻,唱出了人们对幸福生活的向往和对亲人的深厚情感;也唱出了新春伊始,家家户户贺年拜年的热闹场景;更唱出了中华民族积极向上、向往繁荣的精神面貌。福州《传统贺年歌》节奏明朗,传达出欢庆、愉悦的心情。歌词"一官大娘坐高堂,二子携孙来拜年,三女有驸马品性佳,营前挂四盏红灯。五色龙凤双飞,六把靠椅分列两侧,七世同堂美名远播,八仙月台,团团圆圆。九落大厝像模像样,十全如意,福泽绵绵。新春贺年歌来欢唱,送侬米欢歌迎新春。"表达了福建人民对幸福生活的美好向往,深受人们喜爱。此外,歌词如"姑嫂双双贺新年,红红伞灯挂厅前""旧年过了又新年,生意兴隆赚大钱;恭喜发财平安过"等(林溪漫,2016),都蕴含了人们的愿望,彰显了精神层次上人们对幸福生活的追求。一方面,这些歌曲唱出了人们对培养积极心态的鼓励,有利于提高生活的品质和幸福感;另一方面,也唱出了对他人的关怀,对互助合作、共同进步的期盼,有利于社会的和谐、温暖和有爱。

闽南童谣《福娃说福》,通过小朋友们用喜庆的服装塑造可爱的福娃形象,以问答方式的表演展示福文化,采用童声演唱的方式,将福建的方言、戏曲和风土人情融合在一起,表达了人们对美好生活的追求,传递友谊、和平、快乐、积极进取的精神以及人与自然幸福和谐的美好愿望。歌词中的"千千万万福,等您最幸福"和"福建福山搁福水,福地享福有够水"体现了人们对美好生活的祈愿和追求。通过《福娃说福》这样的童谣作品,我们可以更加深入地了解闽南文化的独特魅力和丰富内涵,进一步推动闽南文化的传承和发展。同时,该童谣也为我们提供了一个重要的文化窗口,让我们能够从中领略到"福"文化的博大精深和独特魅力。

东北秧歌是流行于中国东北地区的一种艺术形式,集歌、舞、乐、戏于一体。参与者通常身着鲜艳靓丽的服饰,如五颜六色的衣服、头巾等,增添了喜庆氛围,具有浓郁的乡土气息和地方特色。扭秧歌的过程中,常出现即兴创作,自编唱词表示祝福,这些唱词又称作"吉祥话"。传唱度较高的歌词如:"福从中国来,好运带来了希望,好人有好报,坏人受惩罚,善恶到头终有报,不是不报时候未到。天网恢恢疏而不漏,谁人不服天理难容。福从中国来,好运带来了希望,好人一生平安,坏人天理不容,岁岁年年多吉祥,春夏秋冬福满堂。福从中国来,好运带来了希望,东西南北中,好运围你转,生意兴隆通四海,马到成功福满门。"歌曲旋律欢快,歌词朗朗上口,传递了中国传统文化中善有善报、恶有恶报的因果观念,表达了人们对美好生活的向往和祝福。歌词中"福从中国来,好运带来了希望"的句子更是广为流传,成为东北地区常见的祈福纳祥的吉祥话。

2. 以美术作品传"福"

正所谓"图必有意,意必吉祥"。从古代的岩画到新石器时代的彩陶,再到隋唐的石雕、宋元的花鸟绘画和明清的建筑装饰,包含"福"元素的美术图案随处可见,无论是生物、人物还是建筑,都有"福"元素的存在。

(1)"福"元素在动物中的体现

①蝙蝠

以"蝙蝠"为例,中国人常把蝙蝠的形象与幸福、长寿联系在一起。"蝙"谐音"遍","蝠"谐音"福","蝙蝠"寓意"遍福"。蝙蝠休息时是倒挂着的,具有"福到"的寓意,因此,蝙蝠常常被视为能够带来好运和福气的吉祥物。福建地区古代许多传统的祠堂、庙宇等会在屋檐、屋顶或墙壁上设计蝙蝠洞，这些洞口通常是半圆形或圆形，位于建筑的较高处，为蝙蝠提供了进出的通道和栖息的空间，意为"蝠（福）临门""蝠（福）到临"。在古代园林的设计中，亭台楼阁等建筑的屋檐下或角落里，也经常设计适合蝙蝠隐藏的小空间或缝隙。这些设计不仅体现了中国古建筑的审美和文化内涵，也展示了与自然和谐共处的传统智慧。通过这些巧妙的设计，古人希望能够吸引蝙蝠这一吉祥物，为居住者带来福气和平安。

古人对蝙蝠的偏爱也体现在艺术作品中。吴道子绘画钟馗形象时，图画上常有几只蝙蝠相伴。如今绘画传统钟馗形象，也必定有蝙蝠随之。瓷器以"蝠"为素材来表现"福"文化主题的也不少见。清代的瓷盘，正面常绘有五"蝠"绕寿桃的图案，寓意"福寿双全"，寿桃通常位于图案的中央，作为主要的象征物。五只蝙蝠围绕寿桃飞翔，象征五福齐聚，共同捧寿。背面则会画上大气的牡丹，寓意"花开富贵"。五"蝠"绕桃的图案融合了中国传统文化中对幸福和长寿的追求，体现了人们对美好生活的向往以及对亲人的祝福。这种图案不仅具有视觉上的艺术美感，更承载了深刻的文化内涵（李幸蔚，2023）。

福建常见的年画钟馗捉鬼图描绘的是铁面虬髯、浓眉怒目的钟馗挥舞着斩鬼宝剑，眼旁就有一只蝙蝠，象征"蝠"（福）到眼前。钟馗捉鬼图寓意斩尽天下鬼魅，把福带到人间，寄托了人们祈求免灾驱祸、迎福纳吉祥的美好愿望。人们在乔迁、婚庆、寿宴、祈福等重要庆典活动时，会悬挂钟馗画像或举行傩舞跳钟馗表演，常会有艺师打扮成钟馗的模样戴傩面具，手持蝙蝠和宝剑跳傩舞，寓意迎福纳祥、人寿年丰、祈福除邪、镇宅佑安。

福建常见的"五福临门"图案的四周刻五只小蝙蝠（刘继莲、马盛杰，2022），寓意"五福临门"。相似的图案还有"五福拱寿"，它将蝙蝠和"寿"字作为画面的主体，画面四周均匀分布五只蝙蝠，围绕"寿"字或圆形寿图，寓意"五福拱寿"。

②龙凤呈祥

龙和凤凰都是中国传统文化中吉祥与好运的象征。龙，作为中国古代农耕文明的产物，被看作是富贵吉祥、繁荣幸福的象征。新年期间，各地都会举行龙舞表演，这是一种祈求新的一年吉祥如意、国泰民安的民间仪式，体现了人们对幸福生活的向往。古代神话传说中，龙还被认为是"主水之神"。《曹州府志》记载："龙神曰，惟神德洋寰海，润泽苍生。"龙能降雨惠泽万物，古人心存敬畏，常常通过祭拜龙神来祈求风调雨顺、国泰民安，从而获得幸福安康。凤也是古人心中光明、高贵、祥瑞的象征。凤凰的头似锦鸡，身如鸳鸯，有大鹏的翅膀、仙鹤的腿、鹦鹉的嘴、孔雀的尾，居百鸟之首，被称为"仁鸟"和"祥瑞之禽"，象征美好与幸福。皇帝的龙袍上绣有龙纹，而皇后的凤袍上往往绣有凤凰，分别象征皇权和后宫的地位。龙和凤凰也是美术作品中常见的主题之一，通常表现为一龙一凤相互环绕，象征着和谐美满、吉祥如意。福建泉州、南安、晋江以及漳州等地古民居的门窗上通常绘有凤凰作为装饰图案。

③招财狮

招财狮是中国传统文化中吉祥寓意的代表。它象征着招财进宝，寓意着财运亨通、财源广进，代表着人们对财富和成功的追求与祈愿。并且招财狮不仅具有招财的寓意，还具有驱邪避鬼、镇宅治邪的作用。它威震八方，形象威猛、威风凛凛、勇不可当，具有很强的驱邪除煞、镇宅辟邪的威慑力。无论是舞狮表演还是各类狮子雕塑、工艺品，都体现了中国人对美好生活的向往与追求。通过狮子的威猛与力量，人们得以表达对财富、平安的祈愿。在福建地区，狮子的形象尤为突出。从纳祥迎福的吉祥物，到守护一方的"石狮爷""风狮爷"，在福建都被看作"福"文化的衍生传承。例如，泉州九日山延福寺出土的风狮爷，雕刻精细，线条流畅，具有很高的艺术价值，寄托了中国民间祛邪、避灾、祈福的美好愿望。它不仅体现了泉州地区对海洋文化的重视和敬畏，也展示了泉州人民对传统文化的传承和创新。除了风狮爷，福州鼓山涌泉寺的戏球狮、漳州的木版年画"招财狮"等，也都体现了福建地区对"福"文化的独特传承和发展。

（2）"福"元素在人物中的体现

常见的艺术作品，如木雕、石雕、年画或剪纸中，往往可见"天官赐福"的图案：天官面容慈祥、笑容可掬，冠带齐整，头戴官帽，蟒袍玉带；左手持玉如意，右手展开一长幅，上写"天官赐福"。除了"天官"，还有"三官赐福"的说法。古代民间认为，天官赐福，地官赦罪，水官解厄，因此各地还常见天官与地官、水官汇合一起的图案，称为"三官赐福"。人们还常将这些图案雕刻于门窗、屏风等建筑构件上，作为吉祥物与之朝夕相伴。此类雕刻在福州三坊七巷古民居以及清代南安蔡氏古民居的屏风柱头等处仍可见到。漆线雕或瓷雕的福禄寿三星等雕像，同样受到人们的喜爱。地方俗语有云："人间福禄寿，天上三吉星"。福禄寿三个神像并排站立，他们手中分别执抱寿桃、如意和婴儿等，以象征福、禄、寿。

福建民间还出现了以童子和贵族阶层为主要人物的"福"字图。清初有大量描绘儿童的福字图，又称为"童子赐福图"。

在童子赐福图中，"福"通常是中心主题。童子们通常手持各种象征幸运和繁荣的物品，如蝙蝠（寓意幸福）、寿桃（寓意长寿）或元宝（寓意财富）。不同作品中的童子形象各异：有的手持如意和团扇，身边祥云缭绕，形象可爱；有的手持吉星高照和功名富贵的诰命，体态丰腴，头上顶着盛开的花朵，两只公鸡叼着大吉大利的物件，整个画面洋溢着喜气；有的小孩手捧橘子，寓意吉（橘）祥如意。他们的面容通常洋溢着幸福的笑容，表达着对幸福生活的期许。童子赐福图的背景通常包含繁茂的植物、花朵或松树，这些元素进一步增强了幸福和繁荣的寓意。色彩明亮的服装和鲜艳的色彩基调也增添了图像的喜庆气氛。

3. 以建筑装饰传"福"

"福"文化作为中华民族亿万人民的精神寄托，是维系各民族间深厚情感、团结各阶层、推动中华民族不断前行的最强有力的文化元素。向内，"福"思想深深植根于中华儿女的心中；向外，"福"思想则常通过外在形式来承载，建筑就是其中一个典型例子。

在各地民间民居中，"福"元素是不可或缺的元素。

闽南古厝是福建闽南地区传统的民居类型，"厝"在闽南语中表示房子。闽南古厝通常是官式样的大型房屋，仿照宫殿的外观，有时也被称为"皇宫起"。此外，由于闽南古厝多用红砖砌筑，又被称为"红砖厝"。"红"寓意"红红火火""热热烈烈"，采用红砖砌墙，在保证结实耐用的同时，也蕴含了吉祥如意的寓意。部分闽南古厝的砖雕中会出现"福"字图案。这些砖雕精美细腻，是工匠们对福的一种艺术表达。在闽南地区的古厝建筑中，建筑物的门楣、门神、挂画等位置常常绘制或雕刻着"福"字图案，以象征家庭的吉祥如意、财富和幸福。古厝的屋脊、墙面常由瓷雕或瓷片花装饰，其中常见的图案包括"福"字、寿桃、蝙蝠等吉祥符号，房屋梁上常常挂着红布袋，寓意丰衣足食。有时也会雕刻龙头或麒麟来寓意吉祥如意。福建古厝古建筑因数量众多、样式众多，体现"福"的方式虽然有所出入，但体现"福"文化的思想理念、人文精神、审美标准却都如出一辙（林惠伫，2023）。

福州市长乐区鹤上镇岐阳村的九头马民居，第一座建于清嘉庆年间，大部分建于清道光（1821—1850年）年间。九头马的小木作精巧别致，悬钟、斗拱、门窗门扇……几乎无处不雕，建筑艺术作品多采用象征、寓意、谐音等传统手法，给人以美好的意念，如合和二仙、升平景象、吉庆有余、福禄寿喜，平（瓶）安如意、五谷丰登、吉庆有余（鱼）、松鹤延年等，其内容多是宣扬中华民族传统文化和表达古代人民对美好生活的憧憬。

南安市官桥镇漳里村的蔡氏古民居建筑群也是典型代表。蔡氏古民居建筑群从清代咸丰五年（1855年）至光绪三十三年（1907年）陆续建成，前后历时52年，其中蕴含了丰富的"福"文化元素。大门处贴有"永福寿，尊道德"的格言，正墙上则是水墨绘成的五福捧寿图案，墙上还雕刻着"寿"字，两边写有"文章华国，诗礼传家"的句子；门廊上雕刻的螭虎对舞"福"，即由一条直立的升虎和一条盘曲的云虎组成圆形的团"福"，表达了祈福祝福的美好愿望；门廊对面堵石的四角各有一只蝙蝠，四只蝙蝠和圆形螭虎"福"字相结合，共同构成五福，寓意五福临门（张培东，2023）。大厅的寿屏顶堵为"福禄寿"三字，采用传统建筑的榫卯结构，用木条巧妙拼成。门楣上雕刻有"福"字或以"福"字作为装饰主题，窗户上的剪纸和窗花也常用"福"字及相关图案作为主题。尤其在春节和重要节日,窗花中的福字设计更是寄托了家家户户祈求新的一年福泽安康的美好愿望。蔡氏古民居建筑群的构思与中国传统吉祥文化、教育功能高度统一,使用具有特色的剪瓷雕工艺将龙凤图案、福禄寿三仙、双龙戏珠等元素巧妙地刻在翘脊燕尾飞檐之上,记录并呈现了"福"文化特色(杜国欣、王娟,2023)。

中国古建筑无论是屋外还是屋内,"福"文化都无处不在。屋外,从房屋的瓦当到雕梁画栋,都体现了"福"文化的痕迹。瓦当,俗称瓦头,最初是素面的,但随着人们对建筑艺术欣赏水平的提高和对美的追求,瓦当逐渐具备了装饰作用。加之人们对美好生活的祈盼,古建筑中的瓦当常常刻有"福"字或绘制象征"福气"的图纹。雕梁画栋则是中国古建筑的一大特色,不仅体现了东方人的审美,更是中国古建筑的重要标志之一。传统的木建筑中,梁架常常暴露在外,人们为了追求美的享受,常常在木梁上进行雕刻和彩绘,赋予其极强的艺术视觉效果。渐渐地,这种艺术装饰与祈福思想相结合,雕刻和彩绘的内容常常是"蝙蝠"等象征吉祥的图案,这类装饰尤以北京恭王府最为出色,无愧于其"万福之地"的美誉。

(二)民俗活动中的"福"文化元素

"福"代表好运、祝福或幸福。其文化意义深深植根于中国的历史、哲学和传统之中。"福"文化是中国传统文化的一个重要组成部分,也是无数华夏儿女的精神寄托,其核心内涵围绕着福、吉祥和美好的生活愿望。独具特色的"福"文化生生不息,内涵不断丰富、扩展,不知不觉中渗透人们的生产、生活、思想等方方面面:无论是在热闹非凡的节日庆典中，还是在形式多样的传统礼仪和精彩纷呈的游艺活动里，都可见"福"文化的身影。

1. 从节日庆典细悟"福"文化之形

"福"文化寓意吉祥、幸福、美好，寄托了人们对美好生活的追求和向往。许多节日或庆典都旨在表达祝愿、祝贺之意，如春节、拗九节等节日和作福、元宵灯会等庆典。

（1）春节

春节是一年中最重要的节日之一，在中国人心中占据的分量十分重。正如叶颙在《己酉新正》中写道："历添新岁月，春满旧山河。"春节期间，无论工作多么繁忙，离家多远，人们都会想尽办法赶回家过年，与家人欢聚一堂，尽享天伦之乐。贴福字、挂灯笼、拜年礼、压岁钱、送福袋等，这些春节必不可少的环节共同构成了独具"福"文化特色的春节。

①贴福字

贴福字的历史可以追溯到古代，尤其是南宋时期。据宋代吴自牧的《梦粱录》记载："士庶家不论大小，俱洒扫门闾，去尘秽，净庭户，换门神，挂钟馗，钉桃符，贴春牌，祭祀祖宗。""贴春牌"就是把写在红纸上的"福"字贴起来。这一习俗至今已有数百年的历史，成为中华传统文化中不可或缺的一部分。贴福字的目的是祈求来年的幸福和好运。"福"字的字体和颜色也有一定的讲究。一般来说，"福"字应该使用红色或金色，因为这两种颜色都代表着吉祥和富贵。字体则应该选择端庄大方、寓意深刻的，如楷书、行书等。贴福字的过程是家庭团聚和祈福的重要时刻。每年，福建永定高北景区的"侨福楼"的百姓都会在栏杆上和每一扇门上张贴"福"字。贴福字不仅是一种传统习俗,更是一种文化传承。通过这一习俗,人们可以了解和感受到中国传统文化的博大精深和独特魅力。

②挂灯笼

在春节期间挂灯笼,寓意着祈求光明、驱除黑暗,象征着团圆、幸福和吉祥。同时,灯笼也是一种具有美感的工艺品,能够为节日增添喜庆、热闹的气氛。每逢春节,大街小巷、景区车站、住宅小区都会挂上红红火火的灯笼,福气满满地迎接新年的到来,也有人会在灯笼上贴花装饰,如龙凤呈祥、招财进宝等图案,寓意着吉祥如意、财源广进。福州灯笼大气隆重,也被称为"伞灯"。由于"灯"和"丁"发音相同,因此,过去每家每户都会在屋檐和客厅悬挂一盏伞灯,以求子孙满堂,人丁兴旺。

③拜年礼

拜年礼是中国传统的春节礼仪之一,指长辈、晚辈或朋友之间相互拜访、拜年祝福的一种礼仪,也是人们辞旧迎新、相互表达美好祝愿的一种方式。随着时间的推移,拜年习俗不断增添新的内容和形式,包括礼仪电报拜年、电话拜年、短信拜年、网络拜年等。拜年的时间一般为初一至初五,这段时间被认为是最佳的拜年时间。在拜年礼方面,人们会带上礼品,如糖果、糕点、茶叶等,到亲朋好友家中拜访,拱手作揖,表示恭贺,同时互道吉利语,祝福对方新年快乐、身体健康、工作顺利等。福建地区常见的吉利语有"拜年拜年,掏橘掏钱"或"拜年拜年,掏橘分钱",因为"橘"和"桔"与"吉"谐音,具有吉祥如意的象征意义。其他常见的吉利语还有"恭喜发财,阖家平安"和"心想事成,笑口常开"等。清朝吴继筠在《福州岁时竹枝词》中写道:"簇新衣服趋人前,礼数谦谦喜连连;路上相逢共作揖,发财恭喜贺新年。"这正是古时福州拜年的生动写照。拜年礼不仅是社交礼仪的展现,更是情感交流和文化传承的重要方式。通过拜年活动,传统文化得以继承和发扬。

(2)拗九节

拗九节在正月廿九,是流传在福建福州地区的传统节日。拗九节起源于福州,据《福州市志》记载,该节日在南宋时期就已盛行,至今已有百余年历史。福州民间称正月初九为上九,正月十九为中九,正月廿九为后九,故此节又被称为"后九节"。这天早上,很多家庭会用糯米、红糖、花生、红枣、荸荠、芝麻、桂圆等食材来制作甜粥,这种粥被称为"拗九粥",主要用于祭拜祖先或作为礼物送给亲朋好友。除了传统的"拗九粥"之外,福州人还会煮"太平面"和"太平蛋"来庆祝拗九节。太平面一般由鸡肉或猪脚和福建特有的线面煮成,寓意着长寿。太平蛋通常是鸭蛋,因福州方言中"鸭蛋"与"压浪""压乱"谐音,寓意着平安。在福州,当一个人的年龄达到九这个数值(如九岁、十九岁、二十九岁等,通常被称为"明九")或九的倍数(如十八岁、二十七岁、三十六岁等)时,就会吃太平面和太平蛋来祝愿自己平安与健康。在尤溪的一些地方,凡已婚未育或未生育男孩的少妇,往往会在正月廿九前回娘家吃"九宝饭",以求吉利。随着时代的发展,拗九节这一传统节日也在不断的传承和创新。许多家庭仍然保持着制作拗九粥的传统,同时也有一些商家推出了各种口味的拗九粥,让更多的人能够品尝到这一美食。拗九节的活动形式也变得多种多样,包括道场比拼、游园活动、社区联欢等。这些活动不仅增添了节日的喜庆氛围,也增强了社区凝聚力和人际交往。

（3）作福

"作福"的习俗在福建地区流传已久。每到农闲时节，一般是农历九月、十月左右，农户会举行"作福"的迎神活动。福州民间也称之为"打醮"。这一民间活动在农村极为重要，甚至能与春节相提并论。每次举行"作福"活动时，人们轮流担任庄家，庄家又被称为"福首"。福首需要负责总领各项事务，包括分工策划、联系戏班、收取款项、清扫场地、搭建神场戏台，以及策划迎神仪式等。这些流程都必须有条不紊地进行。这一民间传统不仅具有祈福的寓意，也成为乡村家庭和人际关系的试金石（王道，2009）。一般认为，"作福"反映了一个家庭在当地社会中的社交地位和影响力。

"作福"的表现形式多种多样，不同地区各有差别。福州沿海及闽江中下游的疍民通过"拜龙母"来作福：每年的农历正月十六日，疍民会聚在龙母庙，祈求龙母的庇佑。（吴霜、陈韵，2011）而在农历九月的子、午、卯、酉这几个岁次，永定土楼的李氏家族会举行规模宏大的作福仪式，在土楼前聚集了成千上万的村民，共同祈求福祉。到了时辰，锣鼓声震天，宴席摆下，人们畅饮痛饮，以此来庆祝和分享福气。闽西客家湖坑的"作大福"活动则是极具乡土气息的民俗。"作大福"以敬神、演戏、会客为主要内容，以姓氏或村为单位，至少敬三天神，演三天戏。在"作大福"期间，要先搭建大福场，竖立20多米高的木旗杆，分三节按石旗杆样式建造，顶上插各色旗帜。两旁设南北厅，正堂安奉刘汉公王、保生大帝等诸神。

2. 从游艺活动细评"福"文化之韵

游艺活动以消遣娱乐为目的展开，是文化传播的重要载体之一。游艺活动具有极强的多样性，不同的民族、文化、地域、时代，使得同一种游艺活动也各具特色。迎神祈福、添灯祈福、摸龟祈福、舞龙祈福、祭祀祈福等游艺活动，历经千百年，祖辈相传，生生不息，并不断焕发出新的活力。

（1）游神祈福

游神，又称圣驾巡游、游老爷、游神赛会等，是中华传统祈福习俗之一。游神祈福的形式在不同地区各有千秋，如湖南的"百神会"、台湾的"迎王平安祭典"等。这些活动不仅是当地重要的文化传统，更反映了民众祈求平安、期盼美好生活的朴素愿望。以福建地区游神祈福为例，福建游神通常在春节、元宵节等重要节日或其他喜庆节日里举行。举行仪式前，参与者（包括抬轿者、乐手、舞者等）会穿上传统服装（如道袍、戏服等）。在神像出行前，会进行"开光仪式"，信徒在神像前祭拜，献上香、花、食物等，表达对神灵的敬仰，祈求神明降临民间，巡视乡里，保佑整个活动顺利。随后，人们请出寺庙或家中供奉的神像，置于神轿（通常由精美的木材制作并装饰）上开始巡游。在锣鼓音乐的伴奏下，抬着神像的队伍开始在街道、村庄间巡游。队伍中通常还有锣鼓队、舞狮队、舞龙队等，形成一支壮观的队伍。巡游队伍会在指定地点（如寺庙、祠堂、河边等）停下，举行隆重的祭拜仪式，向神明献上供品、烧香叩拜，祈求保佑。有时，参与仪式的人会向观众分发"福物"，如小红包、糖果、橘子等，寓意将神灵的福气和恩赐散播给每一个人，又称"散福"。游行结束后，神轿和神像会返回寺庙或神庙，进行妥善安置。

（2）添灯祈福

添灯祈福是一项源远流长的传统文化活动，常见于中国和其他亚洲国家，尤其在佛教和道教的宗教活动中较为普遍。这一习俗通过点亮灯笼或灯盏，象征着驱散黑暗、带来光明，同时也寓意着祈求平安、健康、繁荣和福气。在寺庙中，信徒可以捐款添灯或在家中的佛堂或神龛前点灯。在添灯祈福过程中，祈福者先向佛祖或神明叩拜，然后虔诚地点燃灯芯，默默祷告，祈求平安、健康、好运等，期盼家庭成员平安和业务兴隆。福建流传着"元宵但看初八灯"的说法。按照福建的习俗，初八是送灯开始的时间。"灯"在福州方言中与"丁"同音，"送灯"也衍生出"送丁"的含义（郭泽青，2015）。灯作为一种象征着希望和温暖的物品，成为祈福的重要工具。《滕山志》记载：女子已嫁未生男者，母家于正月初，以"观音送子灯"送之，谓之"送丁"；已生男者，母家送以各色灯，谓之"添丁"。（林蔚文，2003）在福州一带，已嫁女未生育者，第一年娘家送的灯名为"观音送子灯"；第二年送的灯名为"孩儿坐盆灯"；第三年如女儿已生男孩，娘家可送各式的灯，如"状元骑马灯"或"天赐麒麟灯"等，一直送到外甥16周岁为止；如女儿仍未生育，则送"橘子灯"。在福州方言中，"橘"与"急"谐音，表达了对生育的催促。福建民间童谣："正月元宵灯，外婆爱外甥（外孙），送来红红橘子灯，吉利又添丁。"还有杨庆琛的《竹枝词》所写："天赐麟儿绘彩缯，新娘房子霞光增，宵深欲把金钗卸，又报娘家来送灯。"都描述了送灯的情形和盛况。除了送灯的习俗，福建地区还有灯会，如大田板灯龙会、福鼎前岐马灯、屏南双溪元宵灯会、霍童"二月二"灯会等。明书记载："灯烛之盛，无逾闽中。"这句话生动地描绘了福建灯会的灯彩荟萃。福建灯节文化的背后，反映了福建人对美好生活、富贵安康的憧憬与期盼。

（3）摸龟祈福

"摸龟祈福"是中国部分地区，特别是福建、台湾等地的传统习俗，尤其在一些庙会或庆典活动中较为常见。这个习俗源于对乌龟的崇拜。在福建，龟崇拜习俗历史悠久。龟又被称为"祈福龟""乞寿龟"，与龙、凤、麒麟并称"四灵"，闽南人崇敬的保生大帝也被视为白龟的转世，体现了福建人民对龟的特殊情感。摸龟被视为吉祥的行为。摸龟祈福起源于闽南与澎湖等地，每年农历正月，福建澎湖和泉州地区的民众会制作"米龟"（有些地方也称之为"寿龟"），即将糯米粉蒸成龟的形状。福建有俗语："摸龟头，盖大楼；摸龟嘴，大富贵；摸龟身，大翻身；摸龟脚，吃不干；摸龟尾，吃到有头有尾。"民众用手触摸米龟的各个部位，龟的前足代表向前迈进的动力，摸龟前足寓意事业进步、学业有成；龟的后足代表稳固的基础，摸龟后足寓意稳健扎实、基础牢固；龟腹代表福气与财富的积累，摸龟腹寓意福气满满、事事如意；龟眼代表智慧与眼光，摸龟眼寓意聪明智慧、眼光独到；龟爪象征着抓住机遇，摸龟爪寓意抓住机遇、好运常在；触摸龟壳被认为可以带来商业成功和财富。龟象征着稳定和坚韧，人们相信它可以带来好运和繁荣，以祈求国泰民安和家庭幸福。

3. 从戏剧表演细品"福"文化之味

戏曲在传统乡土社会发挥着多重祈福功能（周东颖，2023），我国拥有悠久的历史和深厚的戏曲文化底蕴。福州戏、梨园戏、莆仙戏、傀儡戏等都是有名的剧种。我国戏曲之所以繁荣蓬勃且经久不衰，宗教祭祀活动的延续是一个重要原因。老百姓为祈求神灵赐福，不仅要虔诚膜拜，献上丰盛的祭品，还要"演戏酬神"。因此，承载祈福、团圆、安定等以"福"文化为主题元素的戏曲屡见不鲜（周东颖，2023）。各地在戏剧表演前通常会进行"祈福"仪式以"演戏酬神"。"扮仙"是祈福仪式中深入民心的一个环节。所谓的扮仙，顾名思义就是扮演神仙，向神明祈求赐福。歌仔戏"扮仙'三出头'"指的是《排三仙》《跳加冠》和《送子》。开锣戏要先演这三个吉祥的戏曲以为请戏者祈福，接下来才演出其他节目。《排三仙》中的"三仙"即"福禄寿"三星，演出内容大概是在蟠桃大会上三星为王母祝寿献上祝福词。《跳加冠》中，出演人员会扮作"天官"，向观众展开的条幅上写着"天官赐福""加官进禄""升官加爵"等吉祥祝福，并随着欢快的音乐边跳傩舞边送上吉祥的祝福语。《送子》则戏如其名，以生动活泼的演出传达"多子多福"的希冀。其他常见的扮仙戏还有《封王》《封相》《富贵长春》《五福天官》等（刘春沐阳，2023），无一不传达取悦观众、祝福喜庆的内容。

除了"扮仙"，"龙鱼戏"也彰显着"福"文化。龙鱼戏发源于福建闽北地区的武夷山五夫镇，是我国传统的民间戏剧文化表演形式之一。龙鱼戏起源于庆祝科举考中的龙鱼灯庆祝活动，具有近 800 年的历史。这一戏种来源于民间对吉祥、幸福生活的追求和向往，体现了"福"文化中对于美好愿景的珍视和追求。在朱熹中进士后为表祝贺，加入了"鲤鱼跳龙门"的内容，寓意着文人才子经过十年寒窗苦读终于登科取仕，可立志修身治国，这种对知识和成功的追求正是"福"文化中对于个人成长和成功的重视。每年的荷花节，也就是临近考试的日子，闽北地区都会举办一场热闹的龙鱼戏。"水波起伏""鱼龙打斗""龙鲤嬉戏"是它众多表演内容的一部分，以生动独特的表演形式祝福考生学子"高中"。不仅体现了民间对吉祥、幸福生活的追求和向往，同时也彰显了"福"文化的精髓。

戏曲《大五福》的起源可以追溯到古代莆仙地区，《大五福》是传统莆仙戏中一种地域特色鲜明、具有独立表现特征的、稀有的戏曲艺术珍品。莆仙戏是在唐代歌舞百戏基础上发展起来的宋元南戏"活化石"，既是一种表演艺术形式，也是一种传统文化形态。而《大五福》则是莆仙戏中的一颗璀璨明珠，以其独特的表演形式和丰富的文化内涵，深受观众喜爱。《大五福》有着特定的表演场合和表演环境，以前主要在酬神社戏、开光告竣或殷实人家乔迁特例的情况下才上演。现在，它已成为一种重要的文化遗产，在传统节日、庆典活动中进行展示。《大五福》表演形式犹如一出短剧，内容丰富，底蕴丰厚。演出时间二十多分钟，分为"天官赐福""五子登科""铁笔春秋""毓麟瑞凤""万宝朝宗"五个部分，将"福、禄、寿、喜、财"五位星官，集聚在一个特定的吉祥喜庆的艺术氛围之中。最后，鞭炮巨响，礼乐和鸣，将"散福""接福"活动推向高潮。戏曲《大五福》不仅具有独特的表演形式和艺术价值，还蕴含着丰富的文化内涵和深刻的意义。它体现了中华民族对于幸福、吉祥、和谐等美好愿景的追求和向往，也反映了人们对于传统文化和民间艺术的珍视和传承。同时，《大五福》作为莆仙戏中的代表作之一，也展现了莆仙文化的独特魅力和深厚底蕴。

在禳灾祈福方面，闽南傀儡戏历史久远。汉代（前202—220年），已有"作傀儡"（《后汉书·五行志》）的记载。傀儡戏又称木偶戏，是以制作的木偶进行表演的独特戏剧形式。《通典·乐六》："窟礧子，亦曰魁礧子，作偶人以戏，善歌舞。本丧乐也，汉末始用之於嘉会。北齐后主高纬尤所好。高丽之国亦有之。今闾市盛行焉。"（马端临，2011）福建莆田诗人刘克庄写到："非惟儿童竞嗤笑，更被傀儡旁揶揄。方坐皋比开讲肆，忽看傀儡至优场。郭郎线断事都休，却了衣冠返沐猴。棚上偃师何处去，误他棚下几个愁。"（莆田侨乡时报，2012）宋代朱熹任职漳州时常看傀儡戏。至今，傀儡戏仍在建庙谢土、制煞、丧礼、庆典、还愿等场合中演出，常见的傀儡戏《庆丰收》表达了丰收时的喜悦；《愿戏》则是莆仙民众为酬神还愿，演出的"谢恩"戏。《扩鲁戏》是父母担心自己的孩子出天花、麻疹等灾病，为驱逐瘟邪演出的木偶戏。戏中还极力赞扬民间神灵陈靖姑除妖驱魔，救度众生的事迹（发展研究期刊编辑部，2022）。

芗剧是流行于福建漳州芗江一带的地方戏曲剧种，也是福建省五大剧种之一。芗剧的传统剧目《三家福》围绕主人公的正义、善良行为，赞美了旧社会底层人民之间"穷帮穷来邻帮邻"的美好传统，体现了普通民众在艰难生活时也不放弃对美好生活的期待，剧本通过三家人的互助互爱，弘扬了邻里之间互帮互助的传统美德，展现了劳动人民朴素和鲜活的生命力。

第二节 "福"文化融入高校思想政治教育的主要内容

习近平总书记多次强调中华优秀传统文化的思想政治教育功能,他认为中华优秀传统文化为文化软实力的提升提供了思想文化支撑,中华优秀传统文化是最深厚的文化软实力。党的十九大报告,习近平总书记站在历史和时代的战略高度,提出了深入挖掘中华优秀传统文化蕴含的思想观念、人文精神、道德规范,结合时代要求继承创新,让中华文化展现出永久魅力和时代风采(习近平,2017)。党的二十大报告指出,中华优秀传统文化源远流长、博大精深,是中华文明的智慧结晶,其中蕴含的天下为公、民为邦本、为政以德、革故鼎新、任人唯贤、天人合一、自强不息、厚德载物、讲信修睦、亲仁善邻等,是中国人民在长期生产生活中积累的宇宙观、天下观、社会观、道德观的重要体现,同社会主义核心价值观主张具有高度契合性。

"福"文化以其深厚的历史底蕴在中华传统文化中脱颖而出,是中华传统文化中的一个重要分支。它承载着中华民族对幸福美好生活的精神追求,是中国特色社会主义植根的文化沃土。值得强调的是,"福"文化所蕴含的爱国爱民、兴国安邦的深层意义,与思想政治教育中的爱国主义主题紧密相连,因此,它成为新时代推进爱国主义教育的珍贵资源。通过弘扬"福"文化,可以激发人们的爱国热情,增强民族自豪感和自信心,从而推动人们为实现国家富强、民族复兴而努力奋斗。

在民族团结方面,"福"文化发挥了重要作用。首先,"福"文化秉持开放包容、共建共享的发展理念，强调各民族共同追求幸福生活的愿景，这与集体主义教育的内涵相契合。通过"福"文化的传播，各民族能够增强对中华文化的认同感，促进文化交融与情感共鸣，从而巩固民族团结的基础。其次，"福"文化倡导和谐共处、互助友爱的价值观，为各民族之间的交流与合作提供了精神纽带。在"福"文化的熏陶下，各民族能够更好地理解彼此的文化差异，尊重彼此的传统习俗，形成团结互助、共同发展的良好氛围。

此外，"福"文化直接或间接地传达着道德价值观，作为一种"隐性"的思想教育，在潜移默化中培养着人们的道德品质与行为规范。这种道德教育不仅有助于提升个人的道德修养，也为民族团结提供了坚实的道德基础。同时，"福"文化还提出了有利于保护生态环境、实现绿色可持续发展的生态文明建设理念，对生态教育有着积极的推动作用。在生态保护方面，各民族可以通过"福"文化的引导，共同践行绿色发展理念，携手建设美丽家园，进一步增强民族团结的凝聚力。

一、民族团结教育

（一）民族团结教育的含义

"团结"一词意味着多者凝聚一心，紧密联系。"民族团结"则体现了统一意志、共享理念、共创未来、凝聚力量的深层内涵，是中华民族共同体意识的集中体现。民族团结教育是一种旨在促进各民族之间和谐相处、增进民族团结的教育形式。民族团结教育的核心目标是促进各民族之间的团结和互助，构建和谐稳定的社会关系。我国的民族团结教育旨在通过教育手段，培养和增强学生的民族团结意识，加深各民族之间的了解和尊重，增强民族团结意识，将中华民族共同体意识融入教育实践，推动各民族共同发展、共同繁荣，从而促进民族团结的实现。

（二）"福"文化蕴含民族团结教育的内核

"福"文化凝聚着同根同源的民族认同，传达着同心共筑的民族团结教育思想理念。受到多样化的民族文化影响，"福"文化融合了各民族特有的思维、情感、观念和生活方式。"福"字深深蕴含着人们对幸福生活的向往，这包括物质上的富足、精神上的愉悦、家庭的和睦、社会的安定等。这种对美好生活的期盼是所有中华儿女共同的心声，与民族团结教育的思想不谋而合，超越了地域、民族和时代的界限，成为凝聚民族认同的精神内核。福文化所蕴含的团结、和谐、幸福等价值观念，对于民族团结教育具有重要意义。通过弘扬福文化，可以引导各民族人民树立正确的民族观、国家观、文化观，增强国家意识、公民意识、中华民族共同体意识，推动各民族共同团结奋斗、共同繁荣发展。

以福建地区为例，在长期的交往交流交融实践中，福建孕育并传承了无与伦比的集体观及以包容性和吸纳力为特色的精神文化。早在远古时代，就有古人类在福建活动。西晋时期，中原人口开始大规模向福建地区迁徙，如"八姓入闽"。迁徙不仅带来了中原的文化和技术，也促进了福建地区与中原地区的交流和融合。福建曾是古代海上丝绸之路的枢纽，唐宋元时期，大量阿拉伯人、波斯人沿着海上丝绸之路来到福建并定居下来，从"洋番客"变成了"土番客"。这些外来民族的到来，进一步丰富了福建的文化和民族构成。明清之际,大量畲民从南向北迁徙,人口遍及全省。同时,郑成功率部收复台湾后,两岸各民族的联系和交往越来越密切。福建省的行政区划经历了多次调整,从最初的闽中郡到现代的设区市,其行政设置不断适应着民族交融和经济社会发展的需要。在全省范围内,各民族交错分布,形成了你中有我、我中有你的命运共同体。不同民族共同秉持着团结的观念,各民族在相互碰撞与交流、相互冲突与融合的过程中,共同缔造与发展,形成了团结统一、多元一体的"福"文化特征。各民族在科学文化上的交流,共同推动了福建文化的繁荣和发展。福建山海交融的地理环境造就了独特的八闽文化,这种文化以农业文化和海洋文化为基底,融汇各民族文化,展现出尊重差异、博采众长、多元并存、和谐共生的特质。时至今日,福建已举办多届"三月三"畲族文化节、海峡两岸各民族丰收节、少数民族文化会演、少数民族传统体育运动会等活动;全省各地也建成了众多少数民族博物馆、民俗馆,如连江畲族民俗馆、闽西畲族馆、漳浦闽台畲族博物馆等。通过加强民族文化交流,让各族人民互相了解和包容不同民族的文化传统和习俗。

"福"文化包含和而不同的民族认同,彰显着民族团结教育思想理念。它凝聚着民族集体意识、道德观念、民族情感的观念认同;它代表着物质充裕、精神富足、制度公正、社会和谐、生态优美的价值认同;它还促进着各民族相互了解、相互尊重、相互包容、相互欣赏、相互学习、相互帮助的文化认同。将观念认同、价值认同、文化认同融入"福"文化,是巩固发展各族人民大团结的重要精神源泉。"福"文化作为中华民族共同的文化财富,具有高度的统一性,是中华民族凝聚力和向心力的体现,能够促进各民族形成共同的文化认同和民族认同。

"福"文化强调和谐共处，反对冲突和纷争。民族平等、团结、互助、和谐的思想教育是民族团结教育的基础内容，旨在使各族人民树立正确的民族观念，增强民族平等意识和宽容精神。各民族在长期的交往交流交融中形成了相互尊重、彼此包容的优良传统，共同维护着中华民族大家庭的和谐稳定。华夏大地拥有着丰富多样的民族文化，每个民族都有自己独特的历史、语言、宗教、习俗、风土人情等文化特点。这些文化的存在，不仅为中华文化的多元发展和繁荣做出了贡献，而且也为推动中国社会的和谐发展、加强各民族之间的交流和沟通提供了重要支撑。在漫长的历史发展进程中，中华五十六个民族人民密切交往、相互交融、相互依存，形成了中华民族多元一体的文化格局与和休戚与共的命运共同体。

（三）"福"文化蕴含民族团结教育的意义

1. "福"文化是增强民族团结教育的必然选择

"福"文化作为中华儿女的共同理想信念与价值追求，承载着亿万人民的美好愿景，是中华民族的文化自觉，是深入中华民族血脉的基因文化，也是五十六个民族共同的美好愿望，为不同阶层、不同环境的人所认同和推崇。不断丰富和拓展人类文明新形态，传承"福"文化，必将唤起各族人民团结一心、百折不挠的集体记忆，不断实现各族人民对美好生活的向往，为我们国家和民族的持续发展提供精神滋养，维护好各民族的根本利益。"福"文化强调和谐相处，反对冲突和纷争。这种文化理念有助于促进各族人民之间的团结与协作，形成共同的目标和理想。在"福"文化的熏陶下，增强各族人民团结一心的集体意识，共同为追求幸福生活而努力。

2."福"文化是增强民族团结教育的有效途径

弘扬"福"文化能够为增强中华民族凝聚力奠定思想文化基础。悠久的历史孕育了深厚的"福"文化,深厚的"福"文化为增强中华民族凝聚力汇聚了磅礴力量。"福"文化是中华优秀传统文化中的宝贵财富,蕴含着中华民族的大智慧。首先,"福"文化体现了不同民族的美好追求。无论是祈福健康长寿、多子多孙,还是祈求平安、团圆等,都属于"福"文化的范畴。"福"所蕴含的思想已经融入了中华儿女的血脉和灵魂。其次,"福"文化将中国各民族人民紧密联系在一起,荣辱与共,为形成和衷共济、休戚与共的命运共同体奠定了坚实的基础,为提升中华民族向心力提供了重要支撑。最后,"福"文化底蕴深厚,弘扬"福"文化有利于中华民族团结互助,在尊重差异中扩大共识,在包容多样中增进认同,在价值认同中形成全民族共同的归属感,进而有利于民族凝聚力的增强。

3."福"文化是增强民族团结教育的重要法宝

"福"文化是增强民族团结教育的重要法宝,为各民族提供了共同的精神寄托和价值追求。通过深入挖掘和传承"福"文化,我们可以进一步增进各民族之间的文化认同和情感共鸣,从而有效促进民族团结与社会和谐。同时,"福"文化中丰富多彩的文化符号也为民族团结教育提供了生动而富有感染力的素材,使得教育过程更加贴近人心,更具实效。一方面,"福"文化体现了中华民族的价值追求。它所倡导的和谐、吉祥、幸福等理念,反映了中华民族对美好生活的向往和追求。这种共同的价值追求,能够增强各民族的文化认同,促进民族团结。另一方面,"福"文化为民族团结教育提供了生动素材。"福"文化所涵盖的丰富多彩的传说故事、风俗习惯等,为民族团结教育提供了直观生动的教育素材,有利于增强教育的感染力和吸引力。充分发掘和利用"福"文化资源，对于铸牢中华民族共同体意识，促进各民族团结具有重要意义。"福"文化作为中华民族的文化瑰宝，承载着丰富的历史信息和民族情感，激励着各族人民继续团结奋斗、共同追求幸福生活。

大学生是与新时代共同成长的一代，他们既拥有广阔的发展空间，也肩负着伟大的时代使命。推动思想政治教育与"福"文化的融合，不仅有利于大学生深入理解"福"文化的内涵，坚定他们的理想信念，还有利于带动其他社会群体更深入地了解"福"文化，营造社会主义精神文明建设的良好氛围，进一步增强民族凝聚力。

二、爱国主义教育

（一）爱国主义教育的内涵

"爱国"一词在《现代汉语词典》中的定义为"热爱自己的祖国"。爱国是中华民族精神的核心，是实现中国梦的重要精神力量，它体现了个人对国家的情感认同，是民族归属感、认同感、尊严感与荣誉感的有机结合。因此，爱国主义指的是对祖国的忠诚和热爱的思想。习近平总书记强调："爱国主义是我们民族精神的核心，是中华民族团结奋斗、自强不息的精神纽带。"列宁也曾指出："爱国主义就是千百年来固定下来的对自己的祖国的一种最深厚的感情。"而"爱国主义教育"则是通过教育活动向公民传播爱国情感、增强国家忠诚度、培养对国家和民族忠诚的精神的一种教育方式。爱国主义教育的内涵丰富而深刻，它涵盖了多个方面，旨在培养全民特别是广大青少年的民族自尊心和自豪感，树立为国家和民族无私奉献、英勇献身，为国家安全而奋斗的理想、信念。爱国主义教育是思想政治教育的重要内容，具有深远的意义。它不仅能够增强民族的凝聚力与认同感，培养公民责任感与社会责任感，提高人们的文明素养与道德品质，还能够塑造民族精神与文化自信，培养创新意识与提高国家核心竞争力，维护国家安全与社会稳定。因此，我们应该高度重视爱国主义教育，通过多种方式和途径，促进其传承和发展。

（二）爱国主义教育与"福"文化的关联

"福"文化体现了中华儿女对祖国繁荣昌盛的殷切期盼，彰显了团结统一、爱好和平、勤劳勇敢、自强不息的伟大民族精神。正如马丁·路德·金所言："爱国主义不仅仅是对国家的爱，更是对国家人民幸福的追求。"因此，"福"文化与爱国主义教育之间存在着紧密的联系，两者在意识形态性与审美形象性、稳定性与发展性、区域性与共通性等方面呈现出有机统一的特征。学习"福"文化，有助于学生从英雄人物中汲取红色信念，了解苦难辉煌的革命史进而深化爱国情怀。

第一，"福"文化蕴含"天下兴亡、匹夫有责"的爱国主义教育内容。"天下兴亡，匹夫有责"这句话的意思是，国家的兴盛或衰亡，每一个普通人都有责任。这句话强调了每个人对于国家兴衰的责任感和使命感。"天下兴亡，匹夫有责"这一思想，体现了中华民族强烈的爱国主义精神。它告诉我们，作为社会的一分子，每个人都应该关注国家的命运，积极参与国家建设和发展，为国家的繁荣富强贡献自己的力量。在"福"文化中，这种责任感得到了充分体现。"福"字中的"示"字旁，寓意祈求国泰民安、五谷丰登，表达了人们对国家繁荣昌盛的期望和热爱。这与爱国主义教育所强调的爱国意识和团结奋斗的品质相契合。人们追求幸福生活的同时，也关注国家的繁荣和稳定。当国家面临困难和挑战时，每个人都应该挺身而出，为国家的发展和进步贡献自己的力量。在"福"文化的熏陶下，人们更加深刻地认识到个人与国家之间的紧密联系，从而更加积极地参与国家建设和发展。同时，"天下兴亡、匹夫有责"这句话也提醒我们，个人的命运与国家的命运息息相关，只有国家强盛，个人才能过上幸福的生活。

第二，"福"文化蕴含"精忠报国、振兴中华"的爱国主义教育内容。"精忠报国"强调的是对国家忠诚无私，为国家的繁荣和安定出力奉献的行为。"振兴中华"意味着国家的繁荣富强和民族的伟大复兴。在"福"文化中，忠孝观念与爱国主义教育的内容紧密相连。一个强大的国家是人民幸福生活的基石，"精忠报国、振兴中华"不仅是"福"文化的重要组成部分，也是中华民族的传统美德。历史上的许多英雄人物如民族英雄郑成功、抗倭名将戚继光等，都以忠孝著称，他们为了国家和民族的利益英勇奋斗，展现了革命精神和精忠报国的崇高精神。

第三，"福"文化蕴含天下太平、民族团结的爱国主义教育内容。这一内容体现了中华民族对和平、民族团结的追求。"有福同享，有难同当"的理念反映了中华民族同舟共济、休戚与共的家国情怀。而"福"文化所倡导的天下太平、民族团结，正是中华民族的共同心愿。中华民族作为一个由56个民族组成的大家庭，各民族在长期的历史发展中形成了相互依存、不可分割的关系。在现代社会中，许多地区和民族都通过弘扬"福"文化来促进民族团结。例如，在"同福广场"的竣工仪式上，人们通过展示"平安福"等具有"福"元素的文化产品，来加强各民族之间的交流和团结。

三、集体主义教育

（一）集体主义教育内涵

集体主义教育是指引导群众融入集体、热爱集体、关心集体，以形成和深化以集体利益为重的观念的教育。它是中国特色社会主义思想体系教育的一项重要内容，也是中国特色社会主义现代化建设中指引中华儿女团结奋斗的重要力量源泉。集体主义观涵盖了个人与集体命运与共的辩证关系，在社会主义国家，它是衡量人们道德行为的基本标准，不仅是调节人与人、个人与集体、个人与国家关系的根本指导原则与规范，也是个体道德品格塑造的重要内容。一方面，集体由个体交织而成，依赖于人与人之间的直接交互，并以社会关系为纽带存在；另一方面，个体在集体中创造价值，个人的生存、生活与发展空间与社会性质和集体息息相关。正是基于个人与集体的深刻关联，人们始终背负着集体责任与使命。

（二）"福"文化彰显集体主义教育内涵

"福"文化蕴含"各美其美，美人之美，美美与共"的集体观，彰显了中华优秀传统文化的胸襟气度，体现了中国特色社会主义独特的发展理念。各美其美，意味着每个人、每个群体都有其独特之处，这种独特性是其自我价值的体现，也是社会多元性的宝贵财富。在"福"文化中，每个人都有追求幸福的权利和方式，这是对个人价值的尊重和赞美。美人之美，则是尊重并欣赏他人的优点和美，这在"福"文化中体现为对他人的祝福和关爱。如果每个人都能欣赏他人，那么整个社会就会充满和谐的氛围。美美与共，意味着共享美，追求集体的福祉和共同的美好。在"福"文化中，无论是节日的团聚还是日常生活中的相互帮助，都体现了人们共同追求幸福、分享美好的愿望。这种集体观念强调在差异中寻求共识，在多样性中促进共生，共同创造一个包容、和谐的社会环境，使每个人都能在其中感受到幸福和满足。

"福"文化也彰显了"穷则独善其身，达则兼善天下"的集体观。在日常生活中，"一家有事百家帮，一方有难四方援"；在劳动生产中，流行"相邀互助"和"合作共赢"的理念。这些都展现了团结一致、和谐互助的良好风尚。在"福"文化的集体观念中，不仅追求自身的幸福，也鼓励赞赏他人之美，即对他人的幸福和成就持开放和赞许的态度。在传统社会中，如邻里间的互助、家族内的共享，都体现了这种积极向善、乐见他人好的美德，这是构建和谐社会的重要基石。

（三）"福"文化彰显集体主义教育意义

在泱泱中华上下五千年历史的沧桑沉淀中，中华民族之所以能栉风沐雨、历经劫难而自强不息，其根本原因之一是拥有强大的民族自信心和民族自豪感。正所谓文化兴，国运兴；文化强，民族强。这份民族自信心与民族自豪感得以增强的基础，正是中华民族绵延不断、一脉相承的"福"文化。"福"文化承载着中华民族的文化基因，彰显了中华民族美好的精神追求。它滋养着中华民族生生不息、连绵不绝、发展壮大，并表达了携手共建人类美好世界的庄严承诺，成为我们在世界文化激荡与碰撞中得以站稳脚跟的根基。正是"福"文化所蕴含的独一无二的理念、智慧、气度、思想，激发了中国人民和中华民族内心深处的自信心和自豪感。

第一，"福"文化助力个人层面的民族自信心和自豪感的增强。"福"文化融入了中国传统的价值观念，如孝顺、友善等。这些价值观是中华民族核心价值观的组成部分，代表了中华民族的精神面貌和民族特色。在发扬"福"文化的同时，也在传递和弘扬相应的价值观，增强每个中国人的文化认同和自豪感。从广义上说，"福"文化涵盖制度、行为、心态等多个层面，其中心态文化层面是人们从"福"文化中汲取的价值观、审美等一系列共同的价值观念。这些价值观念能够增进大学生的文化认同，为新时代的理想信念教育提供科学的方向指导。

第二，"福"文化助力社会层面的民族自信心和自豪感的增强。"福"文化是以和谐、善良和奉献为核心价值观的文化体系，它对社会的意义是多方面的。首先，"福"文化强调和谐，注重人与人之间的互助与合作，有助于建立友善、和睦的社会氛围，促进人们之间的沟通与理解。其次，"福"文化鼓励人们追求善良与道德美，倡导诚信、守信和遵守道德规范，有助于培养良好的道德风尚，促进社会的公平与正义。此外，"福"文化强调奉献与回报社会，鼓励人们积极参与公益事业，关注社会弱势群体的利益，有助于推动社会的进步与发展，促进人与环境的和谐。

第三，"福"文化助力国家层面的民族自信心和自豪感的增强。"福"文化的传承和发展对整个国家的软实力提升具有积极作用。通过传播和推广"福"文化，有利于提升国家形象，增强国家的文化凝聚力和影响力，提升国家的软实力。"福"文化所体现的关爱他人、回报社会的精神，有助于树立积极正面的国家形象。在国际交流中,"福"字及相关的文化符号和艺术形式被广泛应用,如2008年北京奥运会"福娃"形象的设计,向世界传递了中国"福"文化。同时,"福"文化倡导的"共同进步"思想,为实现全人类幸福提供了发展思路,有助于将中华民族的幸福同世界各地的幸福紧密联系起来。

作为社会主义事业的主要传承者之一,大学生们正处于道德观、思想观、世界观、人生观、价值观形成的关键时期。将"福"文化融入大学生思想政治教育,更有助于大学生将民族自信心和自豪感内化为历史认同感和文化自觉感,外化为实践使命感和行动责任感。此外,弘扬"福"文化能够为大学生在意识形态上提供坚实的支持,激励他们爱国爱党、刻苦学习、奋发向上,进一步激发他们的积极性、主动性和创造性。这种精神动力对于我们创造一系列的历史性伟大成就至关重要,为实现中华民族伟大复兴提供不竭的精神源泉。

四、道德品质与行为规范教育

(一)道德品质与行为规范教育的内涵

道德品质与行为规范教育是一个宏观概念,由"道德品质"和"行为规范"两个核心部分组成。

"道德品质"通常简称为"品德",它是指个体在其生活环境中对各种事物或现象所持有的态度,是构成一个人基本心理特征的重要方面。在道德行为上,个人展现出相对稳定和一致的特质与趋势。它涵盖了人们对道德现象的基本看法，以及由此产生的道德标准和道德观念的观点、态度和情感。其中，道德意识起着决定性作用，它与道德素质密切相关，包括道德认知、情感、信仰、意志以及行为等多个方面。这是以马克思主义为指导，结合我国现阶段国情所建立的新型伦理关系的基础，同时也是对人类精神文明成果的继承和发展。在中国的社会主义初级阶段，共产主义的道德品质是最崇高的，最能代表无产阶级和广大劳动人民的利益。

"行为规范" 则是指社会各群体或个体在参与社会活动时所应遵循的一系列规则和准则的总和，这些规范和准则得到了社会的广泛认可和普遍接受，具有约束力。它涵盖了行为准则、道德标准、行政条例、法律条文及团体章程等内容。行为规范是基于人们在实际生活中的需求、喜好和价值观逐渐形成和建立的，是社会成员在参与社会活动时应当遵守的准则或原则。由于这些行为规范是基于维护社会秩序的理念而建立的，因此，它们对所有成员都具有指导、规范和约束功能。行为规范不仅是对个体行为的限制，更是对整个社会秩序的维护，明确了社会成员可以做什么、不可以做什么以及如何去做，这是社会和谐的核心要素，也是社会价值观的真实展现和进一步扩展。

道德品质教育，是指教育者有目的、有计划、有组织地对受教育者施加一定影响，以促进受教育者的道德认识、情感、意志和行为习惯形成与发展的教育过程。

（二）道德品质与行为规范教育包含对"福"文化的借鉴

崇尚道德不仅本身就是"五福"的内容之一，更是求福致福的根本路径。这决定了"福"文化具有强烈的德行色彩。这种色彩随着"福"文化在社会生活的深入渗透，成为人们的思想底色，进而促进整个社会形成德行主义传统。《尚书·周书》有言："皇天无亲，惟德是辅。"《国语·晋语六》亦云："夫德，福之基也。无德而福隆，犹无基而厚墉也，其坏也无日矣。"这意味着道德是福的基础，没有道德基础而获得的幸福是不稳固的，迟早会失去。在儒家思想中，获得安稳、持久的幸福的前提是有道德。个人不断提升美德的过程，就是追求幸福的过程，达到"至善"的品德境界即是最高的幸福。

其一，重生与修身。作为中国传统文化的重要组成部分，"福"文化提倡诚信、宽容、互助以及孝敬父母等价值观念。它践行宽容，认为宽以待人、包容差异是一种高尚品德。如"海纳百川"，生动地展现了兼收并蓄、广开言路的宽容胸怀。同时，"福"文化强调人与人之间的互帮互助，认为助人即是助己、利他即是利己。例如，"赠人玫瑰，手有余香"的谚语，形象地表达了这一理念。在"福"文化中，孝敬父母占有极其重要的地位，常被视为一切美德的基础。如"羊有跪乳之恩，鸦有反哺之义"，用动物的行为来比喻人子对父母的孝心。弘扬"福"文化对于培养良好的道德风尚和民族精神具有重要意义，有助于传承和保护中华民族的优秀传统。

其二，重德与养性。在道德教育方面，"福"文化蕴含尊老敬贤之德。孟子将"福"寄托在"老吾老以及人之老"的理想生活中，"老有所养、老有所依、老有所乐、老有所安"成为人们心中幸福的象征（黄睿麒，2023）。《诗经·周颂·烈文》中的"烈文辟公，锡兹祉福。惠我无疆，子孙保之……於乎，前王不忘！"强调了先祖所带来的福祉，并提醒我们要不断发扬祖先的德业（林美群，2023）。王阳明在《告谕新民》中写道："孝顺尔父母，抚养尔子孙，无有为善而不蒙福，无有为恶而不受殃。"孝顺父母是"福"的表现之一。曾子曰："幸有三"，其一就是"大孝尊亲"。《绘图七言杂字》云："孝顺父母天降福，忤逆生分殃寿亡。"（邹蓓蓓、王永芹，2022）同时，"福"文化也蕴含爱幼之德，强调家庭和睦与亲子关系的重要性。在养性教育方面，"福"文化倡导知足常乐，告诉我们要珍惜现有的幸福和快乐，保持简单乐观的生活态度。福建俗语如"家有万贯，不如一日三餐；屋有千间，夜宿八尺之地"和"知足常乐"都体现了这种思想。

其三，重学与教化。"福"文化非常重视教育与学习。在"福"文化的观念中，知识和教育被视为提升个人素质和社会地位的关键。传统观念认为，一个家族世代勤于读书、注重教育，就是莫大的福气。同时，"学而优则仕"的思想也告诉我们，通过学习提升自己，进而为国为民作出贡献，是实现人生理想和幸福人生的途径之一。通过努力学习，人们可以获得各种技能和知识，从而在生活和工作中取得更好的成绩。这种思想在当今社会依然具有重要意义，它鼓励人们不断学习和提升自己的能力，以适应不断变化的社会环境。

（三）"福"文化彰显道德品质与行为规范教育的内涵

"福文化"以"讲仁爱"为核心，开展培育美德的思想政治教育。"仁爱"思想是中华民族传统美德的精髓，强调人与人之间的关爱与互助。作为中华传统文化中的重要概念，"福"与"仁爱"密切相关。在"福"文化中，许多与"福"相关的概念都体现了"仁爱"思想，如"五福"中的"好德"即指仁爱之心。仁爱是福的基础，福则是仁爱的体现。

在中国的传统节日中，如春节、中秋节等，人们会互赠带有"福"字的礼物，祝愿亲朋好友幸福安康。这不仅是"仁爱"之心的体现，也是人们希望通过分享"福气"，让周围的人同样感受到幸福和喜悦。在慈善活动中，人们捐款捐物，帮助生活困难的人，这既是"仁爱"的体现，也是对"福"的追求，因为人们相信行善积德能带来好运和幸福。范仲淹设立义田，救济贫困百姓，正是仁爱之心的具体实践，为社会带来了福祉。

"福"文化还以"重民本"为理念，开展强化政治认同的思想政治教育。作为中华优秀传统文化的精髓之一，"福"文化蕴含了丰富的民本思想，强调人民的重要性，与中国共产党"以人民为中心"的执政理念高度契合。通过强调"重民本"，能有效增强学生的国家认同感和民族自豪感，坚定走中国特色社会主义道路的信念。

在"福"文化中，"福泽万民""国泰民安"等都体现了对人民福祉的重视，这与民本思想中"民为邦本"的理念相一致，都将人民的利益放在首位。此外，"福"文化以"尚和合"为理念，开展构建和谐关系的思想政治教育。"尚和合"倡导的是一种和谐共生的生活哲学，认为万物之间存在着相互依存、相互促进的关系。在思想政治教育中，这一思想被用来培养个体的团队精神、协作意识，引导人们在处理人际关系时注重和谐、包容与理解，共同营造和谐的社会氛围。

"和合"不仅指人际关系的和谐，也包含文化上的融合与创新。在思想政治教育中，鼓励学习和尊重不同文化背景的价值观和习俗，促进文化多样性的同时，寻找文化共性，通过文化的交流互鉴，增强民族凝聚力，构建多元一体的文化格局。在"福"文化中，"家和万事兴""和睦相处"等概念都体现了对和谐关系的期盼，强调和谐、合作与融合的重要性。这一思想在思想政治教育领域被用来指导构建和谐的人际关系、社会关系，促进社会的整体和谐与进步。

（四）道德品质与行为规范教育中"福"文化的意义

在个体层面上，"福"文化为塑造个人道德品质与行为规范提供了指引。"福"文化是道德品质与行为规范的重要思想源泉。道德品质与行为规范并非空泛的概念，而是有着具体内容的，其中"福"文化便是对幸福认识、选择和实践的集中体现。同时，"福"文化的演变和发展也深刻影响着道德品质与行为规范的形成和演变。

"福"文化引导个人以科学的态度看待物质需求，既避免铺张浪费、奢靡享乐，又反对盲目攀比、炫富行为，而是强调追求精神层面的富足，不断提升思想境界，追求更高层次、更高要求的幸福。在面对生活挑战时，以"福"文化蕴含的平和、乐观、进取的态度去看待问题，有助于更好地应对挑战，减少压力和负面情绪。此外，"福"文化弘扬雷锋精神，强调舍己为人，将享受幸福与创造幸福相结合，将个人行为与社会目标相联系，创造幸福时也要考虑社会利益，从而为实现中华民族整体幸福贡献力量。

在集体层面上，"福"文化为社会道德品质与行为规范指明了方向。它鼓励社会成员间的合作与互助，将个人行为与社会发展挂钩，将个人选择与社会利益紧密相连，为新时代人民群众追求幸福提供了明确的路径和方式，引导社会向良性方向发展，促进人际关系的和谐与团结。这种合作与互助的幸福观增强了社会的凝聚力和稳定性，促进了整体社会幸福的实现。同时，"福"文化强调奉献与回报社会，鼓励人们参与公益事业，关注弱势群体，为实现社会公平与可持续发展贡献力量。这有助于激发人们的社会责任感和公共意识，推动社会进步与发展。

随着中国在国际舞台上地位的提升，与世界各国的文化交流与合作需求日益增加。"福"文化以其普世价值和原则，成为文化交流与合作的桥梁，促进了中国与世界的相互理解和尊重。

当代大学生肩负着实现中华民族伟大复兴的历史重任，是未来建设社会主义国家的中坚力量。积极培育大学生的奋斗幸福观，能够引导他们通过奋斗展现青春价值，将个人价值的实现与国家民族的发展紧密结合，用奋斗创造美好生活，实现中华民族伟大复兴的中国梦。因此，将"福"文化与思想政治教育相结合，对于当代大学生而言具有极其重要的意义。它不仅有助于大学生树立正确的幸福观，还有助于改进大学生的思政观念，加强大学生对思政教育的正确理解和深刻认识。

五、生态教育

生态教育，也称为环境教育，是指通过教育活动加强大学生对生态系统的了解、重视环境保护意识以及培养可持续发展的行为习惯。生态教育通过提高人们对环境问题的认识，使个体和社会更加关注自然资源的保护和合理使用，这有助于构建一个资源循环利用、环境友好的福祉社会。生态教育强调人与自然和谐相处，通过教育使人们理解人类福祉与健康生态系统之间的依存关系，进而培养人们尊重和感恩自然界，这与"福"文化的追求是一致的。"福"文化蕴含生态教育的发展理念，为化解人与自然的矛盾提出可参考方案。

"福"文化演绎自然与健康的绿色发展观。它强调人与自然是和谐统一的，人作为自然界的一部分应当尊重并保护自然，倡导保护生态环境，以实现可持续发展。生态文明的终极理想是实现人与自然和谐共生。生态教育正是强调这一点，认为自然是人类的生命之源，人类应当注重人与自然、人与社会、人与人之间的和谐关系，实现尊重自然、保护自然、与自然和谐相处的美好相处模式。显然，"福"文化与生态文明所追求的终极理想高度契合（夏逍祥等，2023）。

"风水"是中国传统文化中一种重要的环境理论，它强调人居环境的选址和布局应顺应自然、协调阴阳，以带给人们健康、平安和幸福。在这种观念的影响下，人们在建房、安葬等活动中都极为重视自然环境的利用和改造。

　　"福"文化强调自然环境的重要性。在人类文明早期，祖先们以狩猎和农耕为生，他们依赖自然，对自然万物充满了敬畏之情。农业生产很大程度上依赖自然条件，因此，人们特别重视农时的把握、农业资源的利用，形成了一套适应自然、亲近自然的生活方式，这也是"福"文化的重要内容。在农业生产中，人们会通过祭祀、祈祷等方式祈求风调雨顺、五谷丰登，这种敬天祈福的习俗也深深融入了"福"文化。

　　"福"文化体现了"天人合一，民胞物与"的价值观。正如《老子·道经·第二十五章》所言："人法地，地法天，天法道，道法自然。"这揭示了人与自然相依相存、和谐共生的关系。人们依据大地生活劳作，大地依据上天化育万物，自然气候和天象变化则遵循宇宙间的"大道"运行，而"大道"则依据自然之性，顺其自然而成其所以然。这种观念强调了人类应尊重自然、顺应自然、保护自然。

　　"福"文化倡导的人与自然和谐共生的理念，通过传统农业生产和生活实践得以实现。在农业生产中，"福"文化注重因地制宜、顺应天时，遵循自然规律，不违农时，以保持土壤、水源、植被的生态平衡，实现农业的可持续发展。在日常生活中，"福"文化则提倡节约资源、反对浪费，倡导绿色、环保、健康的生活方式，让生态理念融入生活的每一个角落。

　　在现代社会，随着工业化、城市化的快速发展，人类对自然资源的过度开发和利用已经对生态环境造成了严重破坏。"福"文化所倡导的人与自然和谐共生理念，正是对这种发展方式的反思和超越，它提醒我们要树立生态文明意识，遵循自然规律，保护生态环境，让自然和人类共同发展（周怿，2023）。

　　总之，"福"文化强调人与自然和谐共生，这种思想对于当今社会的发展具有重要的指导意义。我们应当深入挖掘"福"文化中的生态教育资源，弘扬优秀传统文化，推动生态文明建设，为构建美好的人类家园贡献力量。同时，我们也应当从"福"文化中汲取智慧和力量，树立生态文明意识，注重环境保护和可持续发展，让自然和人类共同繁荣发展（杨林生等，2023）。

第三章　"福"文化融入思想政治教育的价值意蕴

第一节　增强高校思政教育实效性的必然要求

　　思想政治教育是中国共产党统一思想、凝聚人心、化解矛盾、理顺情绪、鼓舞斗志、攻坚克难的制胜法宝。思想政治工作积极探索落实立德树人为根本任务的主要途径和重要渠道，它承担着传播真理、启迪智慧、陶冶情操、温润心灵的重要职责和光荣使命，是我国经济工作和其他一切工作的生命线，是中国共产党的优良传统和鲜明的政治优势，受到党中央的高度重视。关于"实效性"一词，《现代汉语词典》解释的是"实际的效果"。实效性是高校思想政治教育的价值源泉和生命所在，是衡量高校思想政治教育成败的标准和尺度。高校思想政治教育的实效性是指"方法的可操作性、实践的可能性，产出良好结果的可靠性"（《关于加强和改进新形势下高校思想政治工作的意见》，2017）。它是衡量和考察高校大学生是否符合社会主义社会未来发展需要，以及是否具备思想道德修养和基本素质的重要指标之一，与我国高等教育发展、青年成长和民族未来息息相关。与其他科目不同的是，高校思想政治教育实效性的高低难以仅用考试分数作为评判的唯一标准。要想提高思想政治教育的实效性，仅靠课堂教学是远远不够的。高校思想政治教育的实效性提升还需要文化的推动。正确的文化引导能够帮助大学生在潜移默化中受到思想政治教育的熏陶。而"福"文化凝结着人们的美好愿望与期盼，是生活中不可或缺的精神要素，它与高校思想政治教育的许多内容相契合，为高校思想政治课教学提供了丰富的文化素材，对大学生正确价值观念的形成产生了至关重要的影响。

一、精神层面的丰富与深化

"福"作为中国传统文化中的核心概念，涵盖了幸福、吉祥、美满等多重寓意。福文化不仅是中华民族的精神寄托，更是每个中华儿女所认同和推崇的文化符号。一方面，历经千年演进的"福"文化在教育领域形成了相对完善的内容和理念、形式和方法，其中蕴含了关于价值选择、道德坚守、人生思考等方面的人物事迹和历史故事。这些不仅能使学生深入了解"福"文化的发展历程，还能增强课堂的吸引力，进而提升高校思政教育工作的实效性。另一方面，"福"文化蕴藏着丰富的思想资源和精神要素，是高校思想政治教育可以深度挖掘的资料宝库。它能够为高校思想政治教育的高质量发展提供有力支撑，增强历史厚度、实践温度和育人力度，从内容的广度和深度出发，进一步提升思想政治教育的说服力。

从广度来看，"福"文化无处不在。在日常生活中，它体现在饮食习惯、服饰穿戴、礼仪交往等方面，如特定节日的食物（如饺子、年糕）、重阳登高祈福等，都蕴含了对幸福生活的追求和祝福；在商业活动中，"福"文化也得到了广泛应用，如新年期间的"福"字包装、福袋促销等；在艺术形式中，如绘画、书法、雕塑等，"福"文化元素被大量采用，既美化了生活环境，又传递了吉祥寓意；在家庭中，福文化则表现为家庭成员的和睦相处、互相尊重及对长辈的孝顺等。

从深度来看，"福"文化意蕴深远。它传递出一种积极向上的生活态度，鼓励人们在面对困难和挑战时保持乐观，相信通过不懈努力能够迎来转机，实现逆境中的成长和自我超越。同时，"福"文化也是弘扬道德、培养良好人格的重要载体，如"积德行善，自有福报"等观念，强调个人的道德修养和社会责任。它深深植根于民众的内心和精神世界，成为人们面对困难和挑战时的精神支柱，鼓励人们乐观向上，相信通过努力和善行可以改变命运，实现人生价值。此外，"福"文化还强调勤劳工作、诚实守信，倡导通过自己的努力创造幸福生活，同时也倡导适度消费、珍惜资源的节俭美德。它提倡与人为善、邻里和睦，构建和谐共处的社会环境，促进社会稳定与进步。

二、道德教育的强化与提升

"福"文化强调"求福、纳福、惜福、祝福"等文化现象，这些现象背后蕴含着中华民族深厚的道德底蕴。"福"文化的传承有助于培养学生的道德情感，提升他们的道德认知。将"福"文化融入思想政治教育，有助于在精神层面为学生提供丰富的文化滋养和正确的价值导向，还可以进一步强化道德教育的效果。通过"福"文化的教育，学生可以更加深入地理解中华民族的传统美德，如仁爱、诚信、友善等，从而在日常生活中践行这些美德。

（一）"福"文化为个人塑造道德观举旗帜

"福"文化是道德观重要的思想来源。福文化和道德观都体现了中华民族的核心价值观。在"福"文化的引导下，个人会更加注重自身的言行举止，进而努力成为一个有道德、有担当的人。"福"文化作为一种精神力量，能够为个人道德观的塑造提供强大的支撑。它让人们相信，只有具备高尚品德的人才能获得真正的幸福和成功。这种信念能够激励个人不断追求道德上的完善，努力成为一个有道德、有追求的人。道德观不是空中楼阁，而是具有实实在在的内涵，其体现在"福"文化上就是对幸福的认识、选择和实践。同时，"福"文化的演化与发展也深刻影响着道德观的形成与演变。"福"文化引导个人科学地看待物质层面的需求，既反对大手大脚、铺张浪费、奢靡享乐的生活态度，也摒弃盲目攀比、以炫富为乐的心态。"福"文化倡导人们努力将个人欲望引向精神层面的富足，从而不断提升思想的高度，追求更高境界、更高层次、更高要求的幸福。当个人在面对现实生活的挑战时，如果以"福"文化所蕴含的平和、乐观、进取的思想去应对，将会更好地解决问题，减轻压力和负面情绪。"福"文化弘扬以舍己为人为核心的雷锋精神，将享受幸福与创造幸福相结合，将个人行为与社会目标相挂钩，将幸福的选择与社会利益相融合，从而在最大程度上为实现中华民族整体幸福而努力。弘扬"福"文化有助于个人树立为人民和集体服务的道德观。

（二）"福"文化为社会塑造道德观明方向

首先，"福"文化所倡导的社会道德观鼓励社会成员之间的合作和互助，强调个人行为与社会责任的紧密联系，倡导社会人际关系的和谐与团结。这种合作和互助的幸福观有助于增强社会的凝聚力和稳定性，促进整个社会幸福的实现。在优秀传统文化建设中，我们可以借鉴"福"文化的这一理念，强调个人与社会、与他人相互依存和共同发展，推动形成更加和谐、团结的社会氛围。

其次，"福"文化所塑造的道德观强调奉献与回报社会。它鼓励人们积极参与公益事业，关注社会弱势群体的利益，为实现社会公平与可持续发展贡献力量。"福"文化通过激发人们的社会责任感和公共意识，可以推动社会的进步与发展。在优秀传统文化建设中，我们可以汲取"福"文化的这一精神，弘扬奉献精神和社会责任感，推动社会形成更加公平、正义的价值观念。

最后，"福"文化深深植根于中国传统文化之中，其核心理念之一是倡导和谐。这种和谐不仅体现在个人与家庭的和睦相处，更渗透社会的各个层面。通过弘扬"福"文化，社会可以更加注重人与人之间的和谐关系，促进社会的稳定和繁荣。同时，"福"文化也强调共同幸福，即整个社会的幸福是建立在每个人的幸福之上的。这种理念为社会塑造了一种积极向上的幸福观与道德观，使得人们在追求个人幸福的同时，也关注社会的整体福祉。

（三）"福"文化为国家塑造道德观指道路

"福"文化强调对美好生活的追求和向往，而道德观则强调个人在处理与他人、集体和社会关系时应遵循的准则。两者都体现了中华民族对和谐、美好、善良和正直的追求。在新时代背景下，国家的发展需要正确的道德观作为支撑。习近平总书记在党的十九大报告中指出："中国共产党人的初心和使命，就是为中国人民谋幸福，为中华民族谋复兴。"中国共产党以现代理念诠释了"福"文化，以实际行动带领人民创造了现代幸福生活。中国共产党尊重了人们崇福、尚福的文化传统，以现代理念、现代科学构建现代幸福生活的内涵。中国共产党关心人民对美好生活的向往和追求，带领人民努力追求现代幸福生活，建设幸福社会。改革开放 40 年的奔小康之路就是中国共产党带领人民走出的幸福之路，中华民族伟大复兴之路正是未来中国人民的幸福之路。

三、文化自信的增强与传承

传统文化是涵养文化自信的源泉。中国的传统文化，经历了多个时代，并绵延发展。这些传统文化中包含了各种思想意识形态、文学艺术形式及生活习俗等，它们共同构成了中华民族独特的文化传统和精神风貌。这种深厚的文化底蕴为中国人民提供了坚实的文化自信基础。传统文化也是传承和弘扬民族精神的重要途径。通过继承和发扬传统文化，人们可以更好地理解和认同本民族的文化传统和价值观念，从而增强文化自信。而

"福"文化作为中华民族的文化瑰宝，具有独特的文化魅力和深厚的文化底蕴，对文化自信的增强具有重要意义。

"福"文化已经全面渗透人们的生产、生活、思想等，通过语言文字、节庆风俗、礼仪环节等多种方式进行传播和普及，成为人们日常生活中不可或缺的一部分。广泛的传播与普及使得"福"文化在人民群众中具有较高的认知度和认同感。一方面，"福"文化作为中华优秀传统文化的重要组成部分，在当今社会仍然具有重要的时代价值。通过发掘和传承"福"文化的理念精髓，可以体现传统文化的时代特征，展现其在新时代促进全民族和谐文明发展的文化魅力与价值。另一方面，"福"文化作为文化创意产业的重要元素之一，具有巨大的开发潜力和市场价值。通过创新"福"文化产业转化利用机制，建立完善现代"福"文化产品体系、产业体系、市场体系等，可以推动文化创意产业的快速发展，提升国家的文化软实力。

当代大学生肩负着民族复兴的历史重任，是未来建设更加美好社会主义国家的中流砥柱。"福"文化所塑造的幸福观对成长于优越环境中的当代大学生有着积极的影响。因此，对于当代大学生而言，将"福"文化与思想政治教育相融合，不仅可以更好地帮助他们树立正确的幸福观，还能够有效改善他们的思政观念，加深对思政教育的理解。通过"福"文化教育，学生可以更加自信地面对世界多元文化的挑战，传承和弘扬中华优秀传统文化。"福"文化的传承有助于增强中华民族的文化自信，提升国家的文化软实力。将"福"文化融入思想政治教育，可以帮助学生更好地认识和理解中华文化的博大精深和独特魅力。

第二节 丰富高校思政教育资源库的内在需要

"福"文化作为中国独特的大众和民俗文化，贯穿了华夏文明五千年历程。它不仅仅是一种精神象征，更是一种信仰和力量的源泉。这种文化深深根植于每一位中国人的心中，它不是一套具体的行为准则，而是一种潜移默化的意识，影响着人们的思维和行动。"福"文化蕴含了丰富的思想政治教育资源和精神内涵，为思想政治教育的高质量发展提供了强有力的支撑，同时也增强了高校思政教育的历史深度、实践氛围和教育效果。

一、教学需要

"福"文化作为中华民族的传统优秀文化之一，源远流长，与中华民族同生共长，具有几千年的历史。这种深厚的历史底蕴使得福文化成为中华民族文化自信的重要基石。在教学层面，将"福"文化融入思想政治教育，不仅提升了思想政治理论课的吸引力和感染力，还丰富了高校思想政治教育资源库。传统的思想政治教育多以课堂讲授为主，资源获取渠道相对有限，而"福"文化无论是物质层面还是精神层面，都蕴含着丰富的内涵，为高校思想政治教育提供了从物质到精神全过程的素材。

首先，基于"福"文化的物质形态，可以深入挖掘和阐发其背后的文化意蕴，丰富课程思政的内涵和外延。物质形态是"福"文化资源的客观载体，如春节期间家家户户的"贴福""祈福"活动，以及其他节日中的祈福仪式等，都是"福"文化的生动体现。这些活动不仅表达了人们对平安、幸福的渴望，也展现了中华民族独特的文化魅力。

其次，基于"福"文化的精神属性，可以进一步规定课程思政的目标与方法。精神属性包括"福"文化在精神层面形成的政治信仰、道德观念及精神谱系。这种文化蕴含了中华儿女对未来美好生活的向往和追求，具有鲜明的中国特色和民族特色。将"福"文化的精神层面融入思想政治理论课，可以帮助学生树立正确的价值观和人生观，提高道德修养和精神境界。

最后，将"福"文化的物质、精神层面融入大学生的思想政治理论课，可以为当代大学生提供一顿"菜品丰富，营养可口"的文化餐食。通过实地调研、互动交流等教学方式，让学生亲身感受"福"文化的魅力，增强其对传统文化的认同感和归属感。同时，这种教学方式也能满足不同学生的需求，提高他们的学习兴趣和参与度。

总之，将"福"文化融入思想政治教育是提升教学效果、丰富教学资源的重要途径。应该深入挖掘和阐发"福"文化的内涵和价值，将其与思想政治教育有机结合，为培养德智体美劳全面发展的社会主义建设者和接班人贡献力量。

二、内容需要

思想政治教育是一项有目的、有计划、有组织的教化育人的实践活动，它涉及家庭、社区、学校、企业、政府等不同的社会组织，并与地域文化特征、民风民俗及国家发展状况、教育政策和方针等密切相关。通过对传统文化、主流文化的传承，思想政治教育旨在增强大学生的政治觉悟，提升其思想境界，进而促进大学生对文化的传承与弘扬。

"福"文化作为中华优秀传统文化的瑰宝，蕴含着厚重的思想理论、传统史学、伦理道德、诗歌文学、民族艺术和生活习俗等资源，为高校思想政治教育提供了丰富的教育内容。在中国特色社会主义文化的理论结晶中，社会主义核心价值观与"福"文化一脉相承并且得到升华发展。社会主义核心价值观的提出，从国家、社会和公民三个层面，体现了中华民族关注世界、社会、人生的独特价值体系，与"福"文化有着多维度的深度契合。

将"福"文化融入高校思想政治教育的相关课程，不仅有助于大学生学习文化知识技能，更能塑造他们正确的人生观、价值观和世界观，实现显性教育与隐性教育的有机统一。德国文化教育学派的代表人斯普朗格曾说："所谓教育就是有意识的文化活动。"通过引导大学生深入探究"福"文化的丰富内涵，有助于完善思想政治教育的知识结构，增强教育的实效性。

"福"文化在长期的发展过程中、在与时俱进中不断融入新时代思想理念。在大学思想政治教育中，将"福"文化与课堂教学相结合，有助于丰富大学生的知识储备，提高其综合素质。

三、资源保障

"福"文化在中华文化中占据重要地位，是中华儿女的文化基因，是广大群众共同认同的行为准则。"福"文化涵盖了"福、禄、寿、喜、财、吉"六大吉祥，寄托了人们对幸福生活的向往和美好未来的祝愿。这种得到普遍认同的文化价值，使得"福"文化在中华民族中具有极高的凝聚力和向心力。它传达了中华儿女从站起来、富起来到强起来的愿望。在思想政治教育中，"福"文化提供了丰富的教学资源，包括影视作品、节日习俗、史诗经典等多种资源。通过观看影视作品、讲解民俗典故、分享节日习俗、解读史诗经典等方式，可以全方位、多角度地对现有课程内容的思政资源进行整合、拓展和丰富，激发学生的学习兴趣，丰富课堂内容。

思想政治教育借助"福"文化的力量和手段，能够更有效地教化学生，达成教育目的。同时，"福"文化也通过思想政治教育得到更广泛的传播和代际传承。个人通过遵循"福"的理念和追求福的道路，可以实现个人和谐、家庭和睦及社会安宁的目标。此外，"福"文化还能帮助当代大学生坚定共产主义信仰，树立远大的人生理想，将个人幸福与社会幸福融为一体，以崇高的奉献精神实现个人和社会的共同幸福。

第三节 推进传统文化创造性转化和创新性发展的现实举措

一、何以必然：推动传统文化"双创"的动因考察

（一）新时代社会转型发展的内在需要

当今世界正经历百年未有之大变局，各种文化相互激荡，各种思潮暗流涌动。这无疑给中华民族的精神凝聚和文化认同带来了前所未有的挑战。多重文化思潮的涌现使得社会价值观呈现多元化趋势。这种多元化虽然带来了文化的繁荣和思想的活跃，但也容易导致价值观念的混乱和冲突。受多重文化思潮的影响，凝聚中华民族精神力量成为当代社会的迫切需求，形成中华民族文化认同的价值共识成为当下巩固思想基础的使命与追求。不仅如此，在全球化背景下，面对全球化的深入发展，竞争日益聚焦于软实力，特别是价值观和话语权的竞争。于是在这一不可逆转的大背景下，中华传统文化虽然具有深厚的价值和传承意义，但为了适应新时代快速变化的生活节奏，避免被外来文化冲击，必须进行创造性转化和创新性发展。"福"文化作为中华优秀传统文化的重要组成部分和中华民族的大智慧，其内涵丰富、外延广泛，具有创新发展的潜力。在新时代，通过对"福"文化进行创造性转化和创新性发展，可以激发文化创新活力，推动文化产业高质量发展，为经济社会发展提供新的动力，有助于增强民族认同感、凝聚力和自信心，为社会发展提供强大的精神支撑。

（二）"福"文化蕴含中华优秀传统文化精神

"福"文化经历了长期的发展和演变，是中华民族共同愿景的简明表达，具有厚重的历史底蕴和强烈的人文精神，承载着中华民族的文化基因和精神价值观。它起到提升中华民族凝聚力的作用，是中华民族走向世界的重要支撑。基于"福"文化与中华传统文化的理念探析，我们深入剖析"福"文化所蕴含的民族精神。作为中华优秀传统文化的重要组成部分，"福"文化蕴含了中华优秀传统文化的精髓。

1."福"文化蕴含中华优秀传统文化的和谐精神

和谐理念的重要特性与"福"文化有着密切的联系。和谐文化是以和谐的内涵为理论基础的文化体系。在"福"文化中，中国传统文化中的和谐思想被囊括为海纳百川、兼容并蓄、求同存异、和而不同、实事求是，允执其中。和谐的主要精神是孔子所讲的"和而不同"，即多样中的统一，而非简单的"同一"。和谐的本质在于统一多种因素的差异与协调。

在多元文化背景下，建设和谐文化的意义更加凸显。建设社会主义和谐文化，既要充分发挥社会主义核心价值体系对社会思潮的引领作用，又要尊重差异，包容多样，促进多元文化的和谐与健康发展。"福"文化建构了天人合一与礼俗约束的和谐文化价值。孔子向往的"郁郁乎文哉"的"周公之治"与"大道之行，天下为公"的社会理想，都是"福"文化的重要彰显。

在"福"文化的理念里，人们选贤举能，讲信修睦；老有所养，幼有所教；盗窃乱贼不作，奸谋闭而不兴。人们常说"家和万事兴""和和美美",有"和"才有"美",有"和"才有"福"。"究天人之际,明修身之道,述治国方略,求天下为公,最终达到'天人和谐'"是"福"文化的使命之一。通俗来说,"福"文化追求治国平天下,最终实现人与自然和谐共处。

"福"文化的和谐观,在文化发展上追求"求同存异,万流共包";在风俗习惯上追求"不偏不倚,内外兼顾";在思想碰撞中追求"执两用中,崇尚调和"。"福"文化蕴含了柔和、包容的和谐观,主张"天下百虑而一致,同归而殊途"。它也包含"万物并育而不相害,道并行而不相悖"的思想,即天地间万物生长各行其道而不会相互影响、相互干扰,达到"保合太和,乃利贞"的理想效果。在做事原则上,"福"文化讲究稳妥可靠,不走极端,以维护整体利益为着力点,以求同存异为发力点,以崇和尚中为努力点,以实现"天人和谐""天下大同"的美好情景。

2. "福"文化蕴含中华优秀传统文化的仁爱精神

仁爱精神强调关爱和善良,注重互助与支持,积极帮助他人,体现出对他人生活和困境的深切关怀,追求社会和谐与人际关系的和睦。福建省的发展与社会进步,得益于秉承仁爱精神的福建人民。在日常生活中,他们积极参与志愿服务和慈善活动,关心弱势群体,为其提供无私的帮助与支持。福建地区也注重培养学生的道德品质,引导他们成为有社会责任感的公民。"福"文化的仁爱精神不仅体现在个人的行为上,也反映在社会制度和社会风气上。福建努力构建一个和谐、友爱的社会环境,确保每个人都能享受到公平和公正的待遇。这种仁爱精神在福建的各个领域都有所体现,如教育、医疗、社会保障等。福建人民在践行仁爱精神的过程中,弘扬了"福"文化,也为社会的进步做出了积极贡献。"福"文化强调爱人之心，爱人之举，宣扬平等博爱，体现在父慈子孝、兄友弟恭、夫敬妻贤的家庭关系中，以及"兼相爱，交相利"的社会交往中，要求人们关心他人利益，乐于助人，对弱势群体给予特别关注和帮助。

3. "福"文化蕴含中华优秀传统文化的大同理想

大同社会是人与人、人与自然、人与世界的关系达到平衡的理想化社会状态，强调人人平等、世界和平、无压迫剥削、无战争，人们相亲相爱，实现"老有所依、幼有所育"的美好愿景。在封建社会背景下，大同理想作为一种积极向上的文化理念，引导人们追求和谐、稳定、美好的社会生活，促进社会的进步和人类文明的发展。这种理想在当今社会仍具有很强的现实意义和价值。中华优秀传统文化中的"天下大同"思想与"福"文化的大同理想相契合。孔子提出的"大道之行也，天下为公"以及他向往的"周公之治"，均体现了"天下为公"的社会理想。这一理想一直是中国人的追求，今天依然是中华民族的梦想。"天下为公"不仅是人生的方向、社会的方向，也是人类的大道、世界的大道，是人类命运共同体理念的理论来源。大同思想强调"天下一家，人人和睦"的理想社会状态，是和谐、公正、平等的象征。它致力于创造一个更加美好的世界，让每个人都能享有平等、自由和幸福的生活。

4. "福"文化蕴含中华优秀传统文化的友爱精神

一方面，这种友爱精神在家庭关系中体现得淋漓尽致。在中国传统文化中，家庭被视为社会的基本单位，家人之间的友爱关系至关重要。在"福"文化中，尊敬长辈、孝敬父母是核心的价值观念。而尊重和关心长辈，孝顺父母，以及家庭成员之间的互助与支持，都是友爱精神在家庭中的具体表现。这种友爱关系不仅能够营造出温馨和谐的家庭氛围，还能为个人的成长和社会的和谐稳定奠定坚实基础。另一方面,"福"文化的友爱精神也在社会关系中得到了体现。它强调人与人之间的互助和友善,倡导邻里之间建立亲密的关系,相互帮助、相互支持。传统的义务劳动和集体活动都是友爱精神的具体体现,人们通过共同努力,为社会的繁荣和幸福作出贡献。

二、何以可能:推动传统文化"双创"的价值考察

"福"文化所蕴含的人文价值不仅弘扬了中华传统文化的精神,同时也为"福"文化注入了新的诠释和发展,与古典"福"文化精神内涵相呼应,但又更具现代魅力。传统文化通过"福"文化的创新设计得到了良好的继承与发展,使中华优秀传统文化在现代设计中焕发出新的光彩。

习近平总书记对宣传思想文化工作作出重要指示,明确提出"七个着力",其中强调:"着力赓续中华文脉、推动中华优秀传统文化创造性转化和创新性发展。"创造性转化,即结合时代特点,满足时代要求,对陈旧的表现形式进行改造,赋予其新的生命力。创新性发展,则意味着在原有文化基础上,对内涵进行补充、拓展、完善,增强其影响力与感召力。这既是民族复兴立根铸魂的内在要求,也是繁荣发展社会主义先进文化、为人民提供更多更好精神食粮的现实需要。

"福"文化之所以有助于促进中华优秀传统文化创造性转化和创新性发展,既是社会历史条件变化发展的时代需要,也是"福"文化自身发展的内在需要,更是新时代"福"文化建设夯实传统根基的现实需要。

（一）"福"文化与优秀传统文化联系密切，优秀传统文化建设需要从"福"文化中汲取营养

首先，"福"文化强调积极向上的人生态度和价值观念，这与优秀传统文化中的人文精神相契合。优秀传统文化注重人的内心修养，追求道德、慈悲、正义等价值观念。"福"文化鼓励人们追求真善美，追求幸福与健康，这种积极向上、向善的态度有助于传承和弘扬优秀传统文化中的道德伦理观念。

其次，"福"文化注重人际关系、友善互助，鼓励人们以善良和友善的心态对待他人。优秀传统文化也强调人与人之间的和谐相处，"福"文化通过强调互助、信任和谦逊等价值观，有助于保持和传承人际关系和传统礼仪等方面的优良传统。

最后，"福"文化注重创新和进取，鼓励人们追求事业和个人发展。优秀传统文化也强调个人与社会的和谐发展，包括追求个人的精神理想。因此，"福"文化与优秀传统文化之间有许多共同点和相通之处。将"福"文化与优秀传统文化相融合，可以更好地传承和发展中国的文化传统。

"福"文化通过宣扬努力、创新和拼搏的价值观，在很大程度上影响着新时代人们对中华优秀传统文化的认知和行为追求。推动中华优秀传统文化创造性转化、创新性发展，应以满足人民日益增长的美好生活需要为出发点和落脚点，不断赋予中华优秀传统文化新的时代内涵和现代表达形式。"福"文化正是人民对美好生活的一种期盼与向往。传承"福"文化

传统，是新时代中华优秀传统文化寻找、延续和建设根脉的需要。推进"福"文化创造性转化和创新性发展，激活其生命力，是促使中华传统文化展现出永久魅力和时代风采的需要，也是增强中国特色社会主义文化自信的必由之路。正是得益于推动中华文明的创造性转化和创新性发展，弘扬跨越时空、超越国度、富有永恒魅力、具有当代价值的文化精神，青少年才会对中华文明发自内心地崇敬，在内心深处达成认同。

（二）"福"文化能够为中华优秀传统文化注入新的创意和活力，推动传统文化的创造性转化和创新性发展

"福"文化注重传统文化的创新性发展，使之与时俱进。传统文化的传承需要与新时代背景相结合，通过创新的方式传达文化内涵，提升文化的吸引力和影响力。传统文化中蕴含着丰富的思想、价值观和审美观念，而"福"文化则将传统文化的要素与现代社会的需求相结合，注重创意的运用和创新的实践，打破传统文化的限制和束缚，探索新的表达方式和艺术形式，创造出具有现代特色的文化产品和艺术形式。

例如，"支付宝集五福"已成为人们过年娱乐的新风尚。男女老少皆可使用支付宝手机 App 的扫描功能，识别身边的福字，收集和谐福、爱国福、敬业福、友善福、富强福，并有机会兑换奖励。亲朋好友间通过支付宝 App 相互馈赠"福"字，共同助力"福"字的收集工作，这种全新的交互形式不仅促进了人与人之间的沟通交流，还增强了文化的趣味性。

福州开展的"福段子"手机网络文化传播活动，紧扣福建"福文化"的核心内涵，融合了祝福海西、祈福两岸、传福八闽的寓意，旨在进一步

弘扬福建本土特色人文、历史、习俗等传统文化和现代文明。通过微信、QQ、短信、抖音、快手、微博、百度贴吧、小红书等网络平台传播"福段子",让"福"文化以幽默诙谐的方式深入人心。

2008 年北京夏季奥运会的吉祥物"福娃"是传统文化与现代设计的完美结合。五个吉祥物"贝贝""晶晶""欢欢""迎迎"和"妮妮",分别代表了海洋、森林、圣火、大地和天空,其设计灵感来源于中国传统文化元素,如鱼、大熊猫、奥运圣火、藏羚羊和燕子。它们不仅展现了中国的自然风貌和人文精神,还寓意着好运和幸福,为奥运会带来了吉祥和欢乐。

福建省政府办公厅印发的《全力打造"全福游、有全福"品牌总体方案》,致力于构建"全福游、有全福"的营销、公共服务和产业产品体系,将"福"文化与实体经济紧密结合。这些创新举措为优秀传统文化的综合式创新提供了宝贵的参考。

正是"综合式创新"为福建省优秀传统文化不断注入新鲜血液、融入优质元素,创造出丰富多彩的福建文化。与所有文化发展的规律一样,只有不断吸收和借鉴省内外、海内外的先进文化成果,福建省优秀传统文化才能实现创造性转化和创新性发展。

"福"文化深入挖掘和激活了中华优秀传统文化所蕴含的丰富精神资源,既保留了传统文化的核心价值观和传统艺术形式,又融入了现代元素和创新思维,使传统文化更具活力和吸引力。在传承和发展传统文化的过程中,"福"文化既传承了传统文化的精髓,又通过创新的方式实现了发展。通过创新,传统文化焕发出新的生命力,并与现代社会相互交融,产生了新的文化价值。因此,"福"文化能够有效推进中华优秀传统文化实现更具创造性、创新性的发展，使之与新时代对接，引导人们将对幸福的追求从内心情感转化为实际行动。

三、何以实现：推动传统文化"双创"的实践考察

实践指向一：借鉴与吸纳。以"福"文化为重点，积极吸纳解决"福"文化问题的优秀经验。"福"文化不仅是国家的精神核心，也是民族的遗传基因，更是国家治理的基石。因此，我们致力于构建一个全新的文化格局，以促进"福"文化的持续传承和蓬勃发展。强化领导力度，确保主体责任得到切实落实。为充分发挥我国制度优势，政府应积极组织各类传统文化节日活动，举办传统技艺培训课程，使更多人亲身体验和感受传统文化的魅力。同时，激励企业和社会团体举办传统文化展览、表演和培训活动，为公众提供更多参与机会。

实践指向二：坚持与稳固。以"福"文化为核心，始终守护其卓越精髓。为实现"福"文化的创新性转变和持续发展，必须坚持以深度理解文化资源为中心，进一步夯实"福"文化传承发展的基础。加强文化资源的普查结果应用，加大对文化资源的调研梳理力度，推动各界共同发声，向公众传播历史智慧，增强文化自信，深化国家情感。按照"全面系统"的标准，确保文化资源普查工作有效执行。启动"福"文化资源全面调查项目，对可移动文物、古籍、美术馆藏品以及戏曲剧种等进行全面普查，提升全国文化遗产资源基础数据的全面性和准确性。加大文物保护和利用规划力度，构建完善的保护机制，强化对传统文化的守护和传承。

实践指向三：改革与创新。以"福"文化为核心，遵循其正确价值

导向,推动传统文化的创新性转化和发展。要紧密结合当前时代发展趋势,汇聚各方力量,确保中华优秀传统文化得到深入、细致、实际的保护和传承。加强顶层设计,全面协调推进各项任务;提高全社会对文物保护的认识,增强对文化遗产的维护和保护意识;将加强文化遗产保护作为重要任务,制定相关法律法规和政策措施,完善相关制度和机制,加强监管职责。

第四章 "福"文化融入
思想政治教育的链接逻辑

思想政治教育与文化的发展密不可分,它们的链接逻辑主要体现在三个方面:历史逻辑、理论逻辑和实践逻辑。其中,历史逻辑构成了"福"文化融入思想政治教育的深厚基础,理论逻辑为其提供了明确的方向,而实践逻辑则展现了其独特的价值。将历史逻辑和理论逻辑融入实践逻辑之中,不仅为"福"文化融入思想政治教育提供了清晰的指导方向,还充分证明了这一路径实现高质量发展的必然性和可行性。

第一节 历史逻辑:价值追求与目标同向一致

从历史演变的角度来看,我国思想政治教育的发展历程与"福"文化的融合并非偶然现象,而是一个渐进的过程。"福"文化与思想政治教育的融合是中国历史和文化相互交织、相互促进的必然结果。研究"福"文化融入思想政治教育的发展史，是理解和把握两者价值追求与目标同向一致性的历史逻辑的重要前提。通过对"福"文化融入思想政治教育的历史规律和历史脉络的探讨，可以将其大致分为四个阶段：孕育起步阶段、深化发展阶段、曲折前行阶段和创新突破阶段。

一、逻辑起点："福"文化融入思想政治教育的孕育起步

研究发现，早在原始社会时期，"福"文化就已初具雏形。西周初年，文献对"福"文化的记述，主要体现在祭祀仪式的隆重、祭品与礼器的丰盛等方面。如西周早期的《宁簋盖》记载："宁肇其作乙考尊簋，其用享百神，用绥多福，世孙子宝。"这里清晰地写明了"祭祀"和"求福"之间的直接因果关系。同样，《礼记·祭统》也提道："贤者之祭也，必受其福。"这意味着贤者的祭祀，一定会得到鬼神所赐的福。由此可见，"福"本身是在祭祀过程中祈祷上天护佑的一种形式。

《礼记·月令》记载："以共皇天上帝、名山大川、四方之神，以祠宗庙社稷之灵，以为民祈福。"这里的"祈福"是希望通过各种祭祀活动，祈求上天赐予福祉。而在《礼记·表记》中，我们得知："殷人尊神，率民以事神，先鬼而后礼。"商朝甚至建立了一整套较为完善的"敬事鬼神祈福"的文化，其中从事敬事鬼神祈福活动的专职人员被称为"巫史"。

《礼记·礼运》中的"祝嘏辞说，藏于宗祝巫史，非礼也，是谓幽国。"说明了巫师在当时社会人文教育中的重要地位。在他们的影响下，尊神、尚鬼、重巫、祈福成了当时思想政治教育的重要特征。祈福祭祀礼仪，无疑成为古代思想政治教育的内容之一。

根据《周礼·地官·大司徒》的记载，周朝的课程包括"六德""六行""六艺"，其中"六艺"之首正是与祭祀紧密相关的"礼"。"礼"又被细分为"五礼"，即吉礼、凶礼、宾礼、军礼、嘉礼等日常礼仪。在《周礼·春官·大宗伯》中，我们了解到："大宗伯之职，掌建邦之天神、人鬼、地示之礼，以佐王建保邦国，以吉礼事邦国之鬼神示。"吉礼是祭祀鬼、神、祇的礼仪活动，主要内容是行祝祈福祥之礼。行礼，既是尊崇，又是祈福。

在这一阶段，"福"文化的理论思想得到了概括和凝练，从祭祀习俗和教育渗透中都可以找到"福"文化的前瞻理念。这不仅彰显了"福"文化融入思想政治教育的历史逻辑，也孕育了"福"文化融入思想政治教育的思想雏形。

二、逻辑主线："福"文化融入思想政治教育的深化发展

中国古代史是"福"文化融入思想政治教育的深化发展时期。"福"文化贯穿了数千年的中国历史，并随朝代的变迁不断完善，在不同历史时期与思想政治教育的融合展现出不同的特点。

春秋战国时期，出于"匡时救弊"的文化目的，儒家、法家、道家等学派都开办私学，招徒讲学。这些学派的思想政治教学中也包含了"福"文化的教学。孔子有言："夫贤者，百福之宗也，神明之主也。"孔子作为儒家学派的代表，他主张"德福一致"：德是福的基础，福是德的结果。德才兼备者方为"百福之宗"（郭凯，2022）。以孔子为代表的儒家教育文化基本上奠定了"福"文化融入思想政治教育的核心，即"立德树人"，

这一思想对后世思想政治教育产生了深远影响。

荀子在坚持儒家德性至上原则的前提下，提出了"知祸福终始而心不惑也"的"为仁由己"的精神思想，将"福"归结于君子自身的德性。他确立了功利幸福的合理性，将功利幸福与德性幸福统一起来，形成了兼具德性与功利性的幸福观。《荀子·劝学》云："福莫长于无祸。"无祸即为大福，荀子通过对比"祸"与"福"，彰显了辩证的哲思。

法家学派的韩非子则将"福"与"寿"和"富贵"紧密联系在一起，认为长寿、多财是"福"的重要体现。在《韩非子·解老》中，韩非子明确指出："全寿富贵之谓福。"这一句话直接体现了韩非子对"福"的独到理解，即"福"是包含长寿和富贵在内的全面幸福。这一观点强调了物质和精神两个方面的富足。韩非子的"福"思想主要体现在对物质生活的追求上。在《商君书》中，虽然"福"字出现次数不多，但其中提到的"避祸就福"体现了韩非子认为通过法令刑罚的治理方式，可以使百姓避免灾祸，追求幸福。在《韩非子》的其他篇章中，尽管直接讨论"福"文化的文字不多，但通过对政治、经济、社会等方面的深入论述，间接地展现了韩非子对"福"文化的理解和追求。例如，他主张废除井田制、重农抑商、奖励耕战等政策，旨在增强国家的经济实力和军事实力，从而为人民创造更好的生活条件，实现社会的繁荣与稳定。

道家学派的老子和庄子对"福"文化的见解与韩非子相反。他们认为物质方面的富足并不是真正意义上的有福，精神上的富足才是福的体现。庄子在《庄子·盗跖》中记载："平为福，有余为害者，物莫不然，而财其甚者也。"他认为能够满足生存需要就是有福，除此之外均为有害之物，多余的财货其实是祸不是福。老子则主张"见素抱朴、少私寡欲"，他眼中的"福"提倡对物质生活欲望的约束与克制,追求的是崇高的思想境界。

老子还开创了"福"融入辩证法思想的先河,不仅进一步丰富了"福"文化的内涵,更拓展了人们对"福"的看法。他在《道德经》中提出:"祸兮,福之所倚;福兮,祸之所伏。"这一思想比喻坏事可以引发出好的结果,好事也可以引发出坏的结果,即"福"与"祸"存在相互依存、互相转化的关系,直观反映了中国人对"福"的辩证思维。现在人们常说的"吃亏是福"或者"塞翁失马焉知非福"等,正是受到春秋时期老子辩证法思想的影响。

在这一时期,诸子百家的"福"思想在互相争论辩驳的同时又彼此渗透吸收,"福"文化融入思想政治教育的内涵被大大拓展与丰富。汉代,自汉武帝实施"罢黜百家,尊崇儒术"的文化政策后,"福"文化融入思想政治教育开始以经学教育的形式为主。

为了维持统治阶级的统治,经学教育所包含的"福"文化元素沿用了儒家学派的思想,逐渐将福与儒家倡导的忠君、孝道等联系起来,主张人们通过顺君、顺天来祈求幸福。这一背景下的"福"文化不仅为封建统治阶级塑造所需的价值观念,也为人们提供了精神层面的思考方式,对如今的"福"文化与思想政治教育融合仍具有借鉴意义。

唐朝时期,随着中央和地方分级管理的教育行政体系的完善,"福"文化与思想政治教育的融合突破了单一的经学教育模式,形成了一系列较为成熟的教育、教学管理体制。

宋朝时期,"福"文化日渐兴盛,对"福"的学理性阐释和文学性叙述不断涌现。宋代理学家朱熹立足传统理学的价值立场,提出"为善则福报，为恶则祸报，其应一一不差者，是其理必如此"，将道德修为作为获得幸福的重要方式，为"福"文化融入思想政治教育的发展注入了生机与活力，也赋予了思想政治教育下的"福"文化新的内涵与彰显。

明清时期，市民阶层进一步扩大，在民间社会生活中，"福"文化呈现出多维度的形态。这种多样化的呈现不仅丰富了"福"文化的形态，也为思想政治教育提供了新的模式。例如，该时期的建筑、服饰、器皿等成为"福"文化的宣传载体，丰富了思想政治教育的资源。图案纹饰大多从自然环境中衍化而来，还通过谐音、象征、双关、借喻等多种方式表达，如多福多寿、钟馗引福、翘盼福音、福善吉庆、马上得福等。在中国传统习俗中，人们有在春节来临之际在屋门、粮仓或门楣上贴"福"字的习惯，寓意福星高照、迎春纳福，表达了对幸福生活的追求与向往。民间还有将具有"福"含义的内容精雕细琢做成各种图案的习惯，图案有寿星、寿桃、鲤鱼跳龙门、五谷丰登、龙凤呈祥等。为了更充分地体现这种向往和祝愿，有的直接将"福"字贴在门窗上，表示"福到家门"。福建的很多古代设计，如庭院、民居、园林、石碑等，大多刻有福、禄、寿、喜等相关内容的文字或图案。例如，闽侯南屿清代民居门窗的"五福临门"木雕图案、松溪县的五福桥、连城县"福至心灵"的"福"文化匾额等。这些多样化的表达方式极大地丰富了"福"文化的内涵，是"福"文化的重要组成部分。

"福"文化以载体的形式，承载着人文素质教育，为思想政治教育提供了广阔的教育阵地和鲜活丰富的教材。尽管每个时代对"福"的阐述都有所不同，但人们对"福"的重视和追求却愈发浓烈。无论是现在还是过去，人们都有一个共同的愿望，那就是期盼福气的到来。一个"福"字都寄托了人们对幸福生活的祈愿，对美好未来的不懈追求。

这一阶段，"福"文化融入思想政治教育的逻辑主线已基本明晰，它与人民生活、就业、经济等密切相关，融入思想政治教育的历史途径得到了进一步提升，不仅体现在多个文件的细化表述中，还渗透在生活的方方面面，无形中浸润了人们的"福"文化思想政治教育观。

三、逻辑延展："福"文化融入思想政治教育的曲折前行

随着时间的推进，近代中华文化在多重文化思潮的碰撞下和不可阻挡的历史潮流中逐渐接受外来文化的洗礼，不断探索与变革。这场"数千年未有之变局"让中国人逐渐实现自我文化觉醒。此时的思想政治教育紧跟时代步伐，立足新的社会形态和思想实际，以新思路和新方法不断发展。

中国传统文化中的忧患意识和变易观念在近代得到了重新审视，转化为救亡图存、变法求强，乃至民主革命的新思潮。从林则徐在《赴戍登程口占示家人》（其二）中写下的"苟利国家生死以，岂因祸福避趋之"，体现了不计较个人得失祸福、勇于为国牺牲的英勇无畏精神；到林觉民在《与妻书》中表达的"当亦乐牺牲吾身与汝身之福利，为天下人谋永福也"，他们都将个人幸福与国家命运紧密相连，将"福"文化的思想内涵提升至全民族、全中国的幸福层面。

"福"文化展现了中华民族栉风沐雨、勇毅前行、自强不息、坚韧不拔的民族品格。这种为民谋福、为民造福的自觉体现了无坚不摧的强大精神力量。"福"文化凝结着中国共产党的初心和使命，蕴含着共产党人争取民族独立、国家富强、人民幸福的价值取向和精神追求。经过革命斗争

的洗礼,"福"文化重塑了人们的思想品格,在中国大地上焕发出新的光彩,创造了更加全面、系统、科学的新观念。

我们党积极开展思想政治教育工作,深入农村、学校和企业,宣传党的福祉理念。群众发自内心地歌颂毛主席,称"他为人民谋幸福,他是人民的大救星",这充分说明中国共产党很早就认识到中国人民对于"福"的追求,也说明了实现民族解放和人民幸福的道路深得人心。

这一阶段,悠久的"福"文化培育了自强不息的民族精神,思想政治教育的传播造就了"福"文化的灿烂辉煌。从中华文化的复兴和发展来看,"福"文化不仅传承了中华优秀传统文化的优秀成果,还丰富和拓展了中国人民的物质财富和精神财富。当时的思想政治教育充分汲取了"福"文化的营养,为后来的思想政治文化教育指明了方向,以至于后来的思想政治教育理念大多能在这一阶段的"福"文化中找到其历史渊源。

四、逻辑旨归:"福"文化融入思想政治教育的创新突破

"福"文化,作为中华民族几千年来智慧的结晶,指引着中华民族走向辉煌。在新时代背景下,高校思想政治教育肩负着培养时代新人、实现中华民族伟大复兴的重大使命。

中国特色社会主义进入新时代,"福"文化的价值得到了前所未有的彰显。中国共产党始终将全心全意为人民服务作为根本宗旨,以为民造福为己任,这使得"福"文化在塑造思想品格方面达到了更深层次的高度。

党的领导人对于"福"的内涵有着深刻的理解与阐述,涵盖了生活的幸福、人民的幸福、团结的幸福等多个方面。老百姓的幸福就是共产党的

事业，让人民生活幸福是国家的核心利益所在。这一理念为"福"文化在新时代的创新发展指明了方向。

自全面建成小康社会以来，中国共产党以实现中华民族伟大复兴的中国梦为目标。在奋斗过程中，"福"文化不仅传承了历史内涵，还结合中国的实际进行了创造性的转化与发展。中国共产党的初心和使命，就是为中国人民谋幸福，为中华民族谋复兴。这充分体现了党对"福"文化传承和发展的高度重视。

高校思想政治教育在丰富与完善其价值追求与目标的同时，致力于培养符合时代要求的全面发展的人才。这与"福"文化中蕴含的为国家富强、民族复兴而努力奋斗的精神高度契合。在进行思想政治教育的过程中，党始终重视文化的作用，并将其作为重要的精神指引。马克思主义与"福"文化的交融碰撞，使得两者的关系在继承和发展中不断深化。

"福"文化与思想政治教育的融合具有深厚的历史渊源。从远古的萌芽到历朝历代的积淀，再到近代的曲折变化，最后在新时代焕发光彩，"福"文化经历了漫长的发展历程。这一历史脉络不仅为两者的融合奠定了坚实基础，也为我们深刻理解其内在的价值追求和目标提供了重要依据。

如今，"福"文化的影响已经渗透世界的每一个角落。它不仅被越来越多的中国人所认识和接受，也引起了全世界人民对幸福安宁美好追求的共鸣。在新的历史时期，前进的每一步都离不开思想政治教育的引导。"福"文化与思想政治教育的深度融合，将为我们的国家和民族注入更加强大的精神动力。

第二节　理论逻辑：教育理论与内容同质相容

如果说历史逻辑是助力理论逻辑进步的良方，那么理论逻辑就是历史逻辑中的思想精髓。理论逻辑是以推理逻辑为基础的思维方式，主要通过推理、比较来分析问题，进而形成有效的理论来解决问题。用理论逻辑中的"推理"思想分析探讨"福"文化与思想政治教育的教学理论与内容同质相容这一问题，就不得不深刻理解和把握"福"文化的内生原因，探索"福"文化融入思想政治教育的理论内涵。

一、着手挖掘"福"文化外在的理论内涵

（一）从"知"上着力，在知福上下功夫

在认知方面，"福"字由"示""一""口""田"四个字共同构成，"田"预示着人们对美好的生活充满着希望，民间也一直有"一口田，福禄全"的说法。"福"除了满足吃饱肚子的物质要求，还蕴含许多精神内涵：爱拼会赢、开拓进取谓之"福"；乐善好施、积善行德谓之"福"；勤俭节约、安居乐业谓之"福"；平平安安、无病无灾谓之"福"；爱国爱乡、造福桑梓谓之"福"；海纳百川、宽厚包容谓之"福"；助人行善、明礼守法谓之"福"；父慈子孝、邻里和睦谓之"福"。布衣蔬食、知足常乐谓之"福"；草庐竹篱、平安健康谓之"福"；天伦家和、团团圆圆

谓之"福"。兵戈不扰、太平无难谓之"福";屋宅清净、干净整洁谓之"福"。可以说大到世界小到家庭,处处有福,人人沉浸"福"中,人人参与"福"中。在日常生活中,"福"字也被广泛应用于各种场合,如命名、装饰、礼品等。人们常常用"福"字来表达对亲朋好友的祝福和关怀,传递着正能量和幸福感。"福"的内容不仅不能用一句话概括,也没有一个统一的衡量标准,"一千个人眼中有一千个哈姆雷特",一千个人心中也有一千个"福"思想理念。

（二）从"信"上着力,在信福上下功夫

一方面,"福"文化的理论逻辑深受马克思主义基本原理的科学指引和中国共产党的正确领导。在过去封建地主阶级或资产阶级的压迫下,广大人民群众由于缺乏马克思主义思想和中国共产党的正确领导,无法深刻认识到当时社会的生产力与生产关系如何决定人民的努力与奋斗难以获得真正的幸福。当封建社会和资本主义社会的道路都无法带给人民真正的幸福生活时,中国共产党在马克思主义的引导下应运而生。马克思主义对幸福观、劳动学说、共产主义社会等问题的阐述为中国共产党提供了理论起点和方向引领,促使中国共产党成为一个全心全意为人民服务的政党。"为天下人民谋福"是中国共产党的根本出发点和落脚点,也是中国共产党百年来不懈追求的价值目标。这一价值目标具有丰富的理论内涵和时代意义,与"福"文化紧密相连,充分彰显了"福"文化的思想内涵,具有"福"文化的鲜明特色。因此,马克思主义和中国共产党为"福"文化提供了坚实的理论逻辑。

另一方面，马克思主义基本原理的科学指引和中国共产党的正确领导的实践逻辑也与"福"文化的精神紧密相连。马克思主义这一先进学说和科学理论站在无产阶级的立场上探求广大人民自由解放的道路，以理论的形式建立一个没有压迫、没有剥削、人人平等、人人自由的美好社会（韩雨颖，2023）。马克思主义体现人们对理想社会的追求。这一追求与"福"文化所描述的美好社会相契合，因此，可以说马克思主义的实践逻辑离不开"福"文化的精神支撑。

"福"文化吸收中国共产党中的核心文化，成为中国特色社会主义文化的重要组成部分，"福"文化与社会主义核心价值观有着多维度的深度契合，两者相互促进、共同发展，并且与新时代美好生活的需要和向往深深关联在一起，展示出愈发盎然的文化活力。同时，马克思主义中国化的进程也离不开"福"文化的思想推动（邹沛，2023）。

（三）从"行"上着力，在造福上下功夫

"福"文化的理论逻辑深深根植于造福行动之中。坚持为民造福是中国共产党带领人民取得革命胜利的根本保证，也是我们战胜一切困难和风险的根本保证。中国共产党带领全国各族人民为实现中华民族伟大复兴的中国梦而共同奋斗，经历了革命、建设和改革阶段，最终走出了中国特色社会主义道路。只有走这条道路，只有坚持中国特色社会主义的道路自信、理论自信、制度自信、文化自信，人民才能真正成为自己劳动的主人，通过辛勤劳动实现幼有所育、学有所教、劳有所得、病有所医、老有所养、住有所居、弱有所扶，过上幸福美好

的生活。（苏振芳，2022）

"福"文化扎根于百姓的日常生活，在平凡中体味、展现和流露。每一天累积的幸福，构成了党初心使命的历史长卷。造福行动聚焦于人民幸福，通过办实事、办好事，让"福"成为人民生活的常态，这是新时代的幸福密码。

中国共产党以"为中国人民谋幸福"为初心和使命，结合"福"文化思想，在发展经济建设的同时，通过实践将"福"文化的精髓充分展现，引领中华民族迈向繁荣富强的道路。这种造福行动不仅关注中国人民的福祉，更致力于增进人类命运共同体的福祉，体现了中华"福"文化的世界价值。

福建人民深谙此道，他们以"爱拼才会赢"的精神，创造了无数当代奇迹。他们开垦荒地，修建茶园，实现了丘陵向茶山的蜕变；他们修建水利，将平原建成粮仓；他们利用海洋资源，建造"福船"，开拓海上丝绸之路。他们以各种创意，延续并传承"福"文化，如永定初溪的福建土楼的新春祈福活动，已延续数百年。

福建的造福行动使农业实现智能化管理，纺织业从原始到现代。中国共产党带领亿万民众造福社会的行动，体现了强烈的实践精神和实干态度，是追求长远幸福的正确道路。

在造福的过程中，我们始终坚持系统化学习、精准化领悟、通俗化解读和具体化践行，实现了从计划经济到市场经济、从封闭到开放、从落后到强大的历史性转变，为实现中华民族伟大复兴提供了强大的体制保证和物质基础。

二、着眼探索"福"文化内在的逻辑遵循

用理论逻辑中的"比较"思想分析"福"文化与思想政治教育在教育理论与内容上的同质相容性，我们不难发现，"福"文化与思想政治教育工作保持了一种相互补充、相互促进的状态，二者相辅相成，同本同源。具体而言，"福"文化与高校思政课教学在目标、价值观、发展方向等方面具有密切联系，从这三个方面着手，能够总结出思想政治教育与"福"文化融合过程中的理论逻辑遵循。

（一）目标一致性绘就理论逻辑遵循的"同心圆"

一方面，"福"文化与思想政治教育在文化建设上目标一致，均致力于实现中华民族伟大复兴的中国梦。高校开展思想政治教育的目的，正是培养具备政治觉悟、有理想、有担当的青年，使他们能够为实现这一伟大梦想贡献力量。而"福"文化中的"福"字，正是体现了"为人民谋幸福"的核心价值。可以说，中国梦既是人民的梦，也是幸福的梦，更是福建"福"文化所追求和期盼实现的远大目标。因此，二者在目标上具有高度的一致性。

另一方面，"福"文化教育与高校思想政治教育虽分属不同教育体系，但均强调人的重要性。它们以满足人的需求为出发点，致力于激励、鼓舞和发展人，以人的全面发展为目标。"文化又能化人，人创造出来的文化是为人类本身服务的，建设和发展先进文化的目的是实现'人的全面

值观，以促进其健康成长。"福"文化和思想政治教育的载体在形式上存在显著的相似性。

二、承于"源"：教育路径相关联

教育的开展需要依靠有效的教育途径来承载教育内容。思想政治教育体系中包含了多种渠道，如思政理论课建设、榜样教育路径、隐性教育路径等。其中，理论课建设通过直接教育的方式，利用理论、守则、规范等帮助学生树立科学的世界观、人生观和价值观，提高他们明辨是非的能力，坚定维护党和国家的立场。榜样示范法则通过树立标杆式的人物，展现思想政治教育所倡导的精神和品格，拉近理想与现实的距离。隐性教育法则借助社会氛围、周围人的影响等隐性载体，实现教育内容的内化，使受教育者的思想道德素质等方面得到良好的培养。

"福"文化的教育路径同样包括理论学习、文化浸润和社会实践等多种形式。从这一角度看，思想政治教育的教育路径与"福"文化的教育路径是相互关联、相互补充的。将"福"文化与高校思想政治理论课相结合，能够丰富教学内容，加深教学内涵，强化教学效果。

在实践逻辑的指导下，结合思想政治理论课的实际情况，我们应进一步推动习近平新时代中国特色社会主义思想进教材、进课堂、进学生头脑，深化高校思想政治理论课的内涵，实现因事而化、因时而进、因势而新的教学效果。

三、合于"圆":教育原则相一致

"福"文化在长期的思想教育实践中,形成了丰富的教育原则和较为完善的指导体系。其中,最具代表性的有言传身教原则、循序渐进原则和寓教于乐原则。

言传身教原则强调教育者言语传授与身体力行的结合。教育者不仅要通过言语传授知识技能,更要以身作则,为学生树立榜样。这一原则体现了教育对人的熏陶感染作用,使人们在潜移默化中主动接受新的认知、知识或思想观念。"福"文化在生活中无处不在,每个人都可感受福,这种感受也在日常生活中通过言传身教的方式传播。同样,思想政治教育也贯穿在我们的日常生活中,无论是所见所闻还是所感,都属于思想的范畴。在与他人交流的过程中,我们的思想会受到或多或少的影响,这正是言传身教原则的一种表现形式。因此,可以说"福"文化与思想政治教育在教学原则上具有一致性。

循序渐进原则意味着教学内容、方法和步骤应遵循由易到难、由简到繁的规律。在认识"福"文化的过程中,我们遵循这一原则,从满足温饱的基本"福"到追求物质和精神层面的"福",再到造福他人的高尚"福",层层递进,逐步深化。在实现"福"的过程中,也需遵循循序渐进的原则,从强身健体、勤奋学习等基础步骤开始,逐步提升到造福百姓、修行积德的高尚境界。同样,思想政治教育也遵循这一原则,从简单到复杂、从具体到抽象地展开教学,帮助学生逐步掌握和消化教育内容,提升思想认识水平。

寓教于乐原则提倡在欢乐的氛围中传递文化知识和道德价值观念。"福"文化本身就蕴含幸福美好的寓意，其教学活动常常在节日庆典和日常交流中展开，实现了寓教于乐，不仅让人们在欢乐中感受"福"文化，也让"福"文化在新时代焕发新的光彩。在思想政治教育中，寓教于乐同样是教师追求的理想课堂模式，该模式有助于激发学生的学习兴趣，提高学习效果。

综上所述，"福"文化融入思想政治教育的逻辑链接，是历史逻辑、理论逻辑和实践逻辑这三重逻辑的统一。这三重逻辑相互依存、相互联系、相互影响、相互制约，共同构成了高度贯通的有机统一体。

第五章 "福"文化融入
高校思想政治教育的四重困境

我们将 2000 年以后出生的群体称为"00 后"。这一群体中的大学生成长在经济全球化的背景下，享受着改革开放以来中国社会发展为他们带来的精神层面和物质层面的福利，享受了国民经济飞速增长的成果。新时代的大学生自我意识凸显、个性鲜明、追求自由，同时乐观积极、敢于创新，能够坚定不移地支持中国共产党的政策、方针、路线，并全面学习贯彻习近平新时代中国特色社会主义思想等中国共产党的创新理论，用其武装自己的头脑。

然而，随着经济全球化趋势的进一步增强和文化多元形态的出现，青年大学生在不断接受新事物的同时，意识形态不断受到海量化、碎片化、多元化信息的冲击，导致他们的价值观变得多样化，思想同样呈现多元发展。面对当今世界百年未有之大变局带来的社会环境变化，新机遇、新挑战接踵而至，许多大学生感到无所适从，亟需精神方面的指引。

虽然"福"文化融入大学生思想政治教育在当代大学生精神引领层面具有重要意义，但从现状来看，无论是"福"文化融入大学生思想政治教育的相关学术研究的广度和深度，还是"福"文化在大学生思想政治教育实践中的创新应用，都存在明显不足。因此，如何将"福"文化有效融入大学生思想政治教育，仍然面临着许多现实的挑战和壁垒。

第一节　内涵维度：内容旨归单调、精神内蕴窄化

中华优秀传统文化融入大学生思想政治教育研究，已成为近年来思想政治教育学科创新发展的重要议题。目前，学术界的相关研究主要聚焦于中国思想政治教育史、中华优秀传统文化与思想政治教育的内在联系，以及中华优秀传统文化与社会主义核心价值观的融合等方面。

近年来，全国各省份普遍对中华优秀传统文化的创新发展给予了高度重视，积极展现出对中华优秀传统文化传承与发扬的坚定态度。以福建省为例，省委、省政府于2022年将"福"文化相关选题列入省社科基金项目，并遴选出14个选题作为2022年度省社科基金特别委托项目（林清智，2022），这一举措充分发挥了省级社会科学基金的引领作用，积极鼓励各大高校、社科研究机构、专家、学者及其他社会力量共同参与"福"文化的研究，促进了"福"文化的传播与发展，有效释放了"福"文化在推进文化强国建设中的巨大潜力。

随着全国各级政府相关激励政策的出台和基金项目的落地，社会各界的热情被进一步激发，推动了"福"文化与思想政治教育研究的深度融合。然而，尽管全国上下对"福"文化的推广工作愈发重视，但直接研究"福"文化融入大学生思想政治教育的项目与研究课题仍显不足。在

中国知网等检索平台以"福"文化为关键词进行检索，虽有四百余篇相关论文与学位论文，但以"福"文化结合"思想政治"或"校园"为关键词的论文数量仅为五篇。从总体上看，学术界在相关方面的学术研究虽已使"福"文化的内涵与时代价值逐渐明晰，但关于"福"文化融入大学生思想政治教育的研究仍需深入，尚存在一些待解决的问题。

一、融入内容系统性和创新性有待进一步提高

大学生思想政治教育是立德树人的关键渠道，也是弘扬"福"文化的重要阵地。虽然部分高校开设的"福"文化教育选修课受到大学生的关注和喜爱，但整体而言，多数高校尚未实现"福"文化在大学生思想政治教育中的深度融入。

当前，"福"文化与大学生思想政治教育融入的深度稍显不足，这主要是因为对"福"文化内涵的挖掘还不够深入。"福"文化蕴含着丰富的文化底蕴和思想政治教育资源，能够为大学生思想政治教育提供有力的补充。为了精确把握其精神内蕴和融入内容，我们需要更深入地挖掘、探索并系统化地整理其内涵。

有学者指出（谢典等，2023）中华优秀传统文化内容精深，包含爱国情怀、修身之道等丰富的思政教育资源，但现有融入内容相对简单、知识体系不完善，同质化严重且缺乏创新，难以吸引大学生的关注。在尝试将"福"文化融入大学生思想政治教育的过程中，虽然部分教育者取得了一定成效，但对精神内蕴和教育内容的探索还不够充分。目前，"福"文化的教学内容更新速度慢，内容相对宽泛，缺乏与大学生日常话题的紧密

联系。

例如，四川省的"福"文化体现了"包容、开放、乐观、进取"的精神风貌，而山东省的"福"文化则体现在"忠诚、正直、勤劳、节俭"的品德追求中。然而，这些具有地方特色的"福"文化精神在大学生思想政治教育中并未得到充分的体现和挖掘。

此外，目前大学生接触"福"文化教育的主要途径是必修的思想政治教育理论课和部分选修课程，这种零散的课程设置使得大学生难以对"福"文化形成完整的认识，无法自觉地将碎片化的理论知识进行整合。为了改善这一状况，应加强对各地特有"福"文化素材的挖掘，构建完整的"福文化元素一本账"和"特色文化一张表"，以帮助大学生更好地理解和传承"福"文化。

以安徽省的徽文化为例，其"务实、守信、崇学、向善"的精神及徽派建筑、徽州雕刻等文化元素，都是独特的"福"文化体现。福建省的"福"文化也体现在生活的方方面面，如建筑、饮食、艺术等，诸如"三坊七巷"，不仅是历史文化的见证，也承载着深厚的"福"文化精神。此外，福建的非遗项目如妈祖信俗、客家土楼营造技艺等，都是中华优秀传统文化的瑰宝，可以很好地融入大学生的思想政治教育中。

然而，目前这些元素在大学生思想政治教育中的融入程度并不高，大学生难以领略"福"文化的独特魅力。此外，教育者对"福"文化具体展现形式的关注程度较高，而对蕴含"福"文化的民俗活动、典故等关注程度较低，对"福"文化的非物质文化遗产、书画作品所呈现的意义理解也仅停留在表面。

深厚的"福"文化底蕴和悠久的"福"文化传承，福建省与"福"文化相关的非物质文化遗产达 116 项、以"福"命名的村落、街道、县市等多达 1003 个，承载"福"寓意的传统技艺 177 种，寄托"福"愿景的民俗活动 73 种，高校教师在课程教学中经常引用福建省丰富的非物质文化遗产实物作品，以此作为教学内容的延伸和拓展，虽然丰富了课堂内容，但是对福建省丰富的"福"文化资源利用不充分，一定程度上造成了资源的浪费。一方面教育者对"福"文化资源的利用不充分、不全面，容易导致大学生难以理解和领会"福"文化的知识内涵，另一方面使得大学生的关注重点由"福"文化所蕴含的丰富的思想政治教育资源转向"福"文化形式多样的表现形式，弱化了"福"文化立德树人的功能。

"福"文化融入的碎片化问题及其在思想政治教育理论课教材中占比较低。"福"文化承载着丰富的传说故事和历史文化内涵，是对大学生进行思想政治教育的生动有效素材。然而，在当前的大学生思想政治教育过程中，思想政治教育理论课教师往往仅根据教学目标落实中华优秀传统文化课程体系和教学任务，简单梳理历史典故，缺乏对"福"文化理论深度的进一步挖掘和延伸，因此"福"文化的价值意蕴没有得到充分展现。

通过对近年来各高校思想政治教育素材的分析，我们发现随着教材的不断优化更新，中华优秀传统文化在其中的占比明显增加，教学成效显著提升。但是，就"福"文化而言，其内容仍然较为零散，缺乏系统性的规划。从现行的思想政治教育理论课教材来看，如在《思想道德修养与法律基础》一书中，虽然增加了许多与社会主义核心价值观、中国精神相契合的中华优秀传统文化内容，但"福"文化与其教学内容的高契合度并未在教材中充分体现。尽管福建部分地区高校的思想政治教育理论课教师在其教学素材中使用了"福"文化或其某一分支文化，但这些内容往往只是在某些章节作为补充知识零星出现，并没有系统、全面地融入各个章节。

同样，在教材中，几乎没有"福"文化的相关内容。实际上，"福"文化所倡导的"奋斗造就幸福""和谐是福"的社会理想与思政课和"福"文化教育选修课的教学内容有着密切的联系，但在教材中并未体现，导致"福"文化在大学生思想政治教育教材中未能实现全覆盖。

因此，为了充分发挥"福"文化在大学生思想政治教育中的作用，需要加强对其理论深度的挖掘和延伸，同时提高其在教材中的系统性规划，确保"福"文化能够全面、深入地融入大学生思想政治教育中。

二、相关物质载体仍需进一步挖掘

"福"文化资源丰富多样，尤其是其涵盖的民俗活动、传说故事等非物质文化遗产，这些物质载体充分展现了八闽人民心中的美好梦想，有力诠释了"幸福生活是奋斗出来的，"要幸福就要奋斗"的新时代幸福观，体现了劳动人民艰苦奋斗、和谐共处的精神，是开展"福"文化教育的重要资源。然而，许多思想政治教育理论课教师在运用"福"文化丰富的物质载体时，往往仅停留在常见的"福"字书法作品等，未能充分利用多样化的"福"文化资源。

一方面，大多数思政课教师对"福"文化物质载体的了解尚不够全面，其在教学中的运用也较为浅显。近年来，福建省多个城市纷纷涌现独具特色的"福"文化街区与博物馆，它们如雨后春笋般生长，成为传承与展示福建独特"福"文化的新地标。福州的"福文化步行街"以其典雅的福建传统建筑风格和文化元素的完美融合，向世人展示了"福"文化的无穷魅力。而在福州,"福文化博物馆"更是一扇通往"福"文化深邃世界的大门,馆内陈列的丰富历史文物和艺术品,使每一位参观者都能深入领略博大精深的"福"文化。福建省不仅重视"福"文化的静态展示,还通过定期举办的福品博览会、"福"文化年味集市等活动,将"福"文化推向更广阔的舞台。这些活动不仅展示了福建特色的"福"文化产品和手工艺品,如福州的漆器、漳州的剪纸等,还通过歌舞、戏曲、小品等艺术形式,生动地将"福"文化的精髓呈现在观众面前,为人们带来了一场场视听盛宴。特别是在春节期间,福建省各地举办的"福"文化年味集市热闹非凡。在这里,人们可以购买到与"福"文化相关的特色年货和纪念品,如福字对联、福字窗花等,每一个细节都充满了浓厚的节日氛围,让人们在欢乐中感受到"福"文化的温暖与美好。然而,福建省虽已兴建了"福"文化主题街区、"福"文化博物馆,并举办了的福品博览会、"福"文化嘉年华、"福"文化年味集市等,旨在通过真实场景和体验让学生在实践中感受"福"文化的魅力,深入推进"福"文化传承发展工程。但遗憾的是,鲜有教师能够灵活地在教学中运用这些资源并开展实践教育。

另一方面,在实践教学中,存在"重形式,轻内容"的现象。学生往往热衷于在"福"字书法、石碑、景点等处拍照打卡,但对于背后文化故事的讲解、民俗活动由来的介绍以及精神传承的弘扬则关注不足,活动组织性和目的性有待加强。同时,各高校在"福"文化物质资源共享和交流合作方面也有待加强,尚未形成体系化的平台。以福州大学为例,该校在"福"文化节上推出了彩绘福伞的创意活动,让学生们在亲手绘制福伞的过程中感受"福"文化的魅力。然而,在实际操作中,学生们往往更多地追求绘画技巧和成品美观,而忽视了对"福"字背后深厚文化内涵的学习和理解。类似地，福叙传承讲堂等讲座形式虽然提供了文化知识的讲解，但往往因时间限制或内容深度不够，难以全面展现"福"文化的丰富性和深刻性。厦门大学在"福"文化教育中更注重实践体验，如组织学生参观"福"文化主题景点、参与民俗活动等。然而，在活动组织上，由于缺乏统一规划和系统安排，学生在体验过程中往往只是走马观花地拍照打卡，而未能深入了解和体验"福"文化的精髓。同时，由于缺乏专业的讲解和引导，学生对于民俗活动的由来、背后的文化故事以及精神传承等方面的了解也相对有限。福建师范大学和福建农林大学等高校在"福"文化教育中也有类似的问题。福州大学、厦门大学、福建师范大学、福建农林大学等高校虽已结合自身特色，利用如彩绘福伞、福叙传承讲堂、福字拓印等资源举办"福"文化节等活动，但高校间的联动合作尚显不足。资源丰富的高校活动影响力较大，而资源相对匮乏的高校则面临活动缺乏新意的挑战，难以充分发挥"福"文化的教育价值和社会价值。

在第二课堂的应用中，"福"文化实践也存在一些问题，主要体现在活动的深度、教育效果的持续性和地区间实施的不均衡上。例如，广东省在推广学生心理健康教育时，虽然运用了"福"文化元素，但活动往往形式大于内容，缺乏深入的教育探讨，对学生长期发展的影响有限。浙江省在将"福"文化融入创新教育和创业教育时，缺乏系统的跟进和评估机制，导致学生难以将所学转化为长期能力。此外，地区间资源差异也导致"福"文化活动的数量和质量存在明显差距，如东部省份与西部省份在"福"文化活动实施上的不均衡现象。

综上所述，"福"文化在第二课堂等教育形式上的实施确需改进，特别是在活动的深入性、持续性教育效果及地区实施的均衡性方面。

三、学术研究层面存在的问题

（一）研究广度和深度有待提升

关于"福"文化融入大学生思想政治教育的研究，目前学术界的研究成果相对较少，研究意识亟待加强。尽管已有部分学者进行了初步的探索，但学术界尚未形成广泛共识。现有的"福"文化研究成果多为学位论文，后续跟进研究较为匮乏。研究人员在探讨"福"文化融入大学生思想政治教育的方向上，其研究的持续性和深入性有待加强。从理论深度上看，关于"福"文化融入大学生思想政治教育的学理依据和内在逻辑等方面的研究尚需深入，研究视域相对狭窄，多局限于传统思想政治教育的研究框架，缺乏从教育学、政治学以外的多学科视角进行综合分析。

任岩（2023）在其研究中指出，当前高校在中华优秀传统文化融入思想政治教育的研究中存在起步晚、起点低的问题，尚未构建出完整、相互融合、融会贯通的教育体系。通过细致梳理相关研究成果，作者发现，一是现有研究多倾向于宏观层面的阐释，主要从"福"文化的宏观视角提炼出对大学生思想政治教育具有启示性的资源。二是目前学术界对"福"文化或"福"文化与大学生思想政治教育二者内在联系的解读尚不够深入和全面，多数研究停留在表面比较和简单论证上，未能深入系统地阐释二者融合的学理逻辑和内在机制。因此，未来的研究需要进一步拓宽研究视野，深化研究内容，以促进"福"文化在大学生思想政治教育中的有效融入和发挥作用。

（二）研究方法有待进一步完善

目前，学术界对"福"文化融入大学生思想政治教育的研究方法还存在一定局限。一方面，部分学者在运用当代大学生思想政治教育理论时，对"福"文化进行了碎片式的解读。由于这些学者多来自思想政治教育、政治经济学或其他相关学科，对"福"文化及中华优秀传统文化的了解深度有限，他们只能基于自身学科领域的理论框架，对"福"文化进行片段式的分析，导致研究成果难以全面呈现"福"文化的价值内蕴和文化精髓。

另一方面，目前学术界在研究"福"文化融入大学生思想政治教育的过程中，过分依赖逻辑推理的方法，缺乏实证研究。部分学者通过逻辑推演或基于政策文件，将"福"文化作为解释性资源进行研究，忽视了青年学生对"福"文化的认知、认同现状，以及不同社会群体对"福"文化的需求差异。这种研究方式导致"福"文化的研究成果在实际应用中难以得到广泛认可，其社会价值受到限制。

通过梳理现有研究文献，我们发现多学科交叉融合的程度在"福"文化融入大学生思想政治教育的研究中尚显不足。教育学、哲学史、民族学与文化学、艺术学、伦理学及马克思主义理论等多个学科领域的知识体系复杂多样，如何将它们有效结合以展现"福"文化的独特魅力，是学术界尚未充分解决的问题。在研究中，不同学科的研究者往往依据各自的学科背景和知识结构，对教育内容如哲学教育、法治教育、人生价值教育、宗教教育、人伦道德教育等有所侧重。虽然这种学科视角的多样性丰富了研究内容，但也导致了一定程度的内容分散和重复。由于多数研究者对"福"文化的特质理解不够深入，他们在阐述融入内容时往往缺乏足够的深度和精确度，容易出现理论体系建构的牵强附会现象。

为了提升"福"文化融入大学生思想政治教育研究的质量和水平，我们需要进一步加强多学科之间的交流与融合。通过深入挖掘"福"文化的核心价值和教育意义，鼓励研究者突破学科界限，以更加开放和包容的态度，共同探讨和推进这一研究领域的发展。同时，还应注重实证研究方法的运用，深入了解青年学生和不同社会群体对"福"文化的认知和需求，以提高研究成果的实用性和社会价值。这样，才能充分发挥"福"文化在大学生思想政治教育中的积极作用，为培养具有高尚品德和深厚文化素养的优秀人才提供有力支持。

第二节 主体维度：教育主导局限、教育主体被动

一、教育主导层面存在的问题

（一）教育主导的主观意识有待加强

正如马克思主义哲学认为，社会存在决定社会意识，社会意识对社会存在具有反作用。因此，在利用"福"文化资源促进大学生思想政治教育之前，首先应提高教师对"福"文化和思想政治教育重要性的认识，确保"福"文化的"两创"（创造性转化和创新性发展）与"立德树人"的目标

同步推进。高校作为大学生思想政治教育的主阵地，高校教师是承担教育教学任务的重要主导力量，其教育理念和行为对大学生成长成才具有至关重要的作用。

目前，高校教师在开展大学生思想政治教育工作时主要采取显性教育和隐性教育两种方式。显性教育主要依托课堂，对大学生进行规范化的理论教育；隐性教育则通过生动的案例和丰富的社会活动，以潜移默化的形式传递教育理念和观点。然而，在实际教学中，多数教师以显性教育为主，将课程教材作为教学主要内容，而将"福"文化等中华优秀传统文化作为辅助内容，尽管这种做法增强了思想政治理论课的趣味性，但也暴露了一些问题。

郭园园（2023）指出，若教师缺乏对中华优秀传统文化的深刻认识和了解，便难以对其进行深入的阐释和解读，进而无法充分发挥其应有的教育价值。同时，若教师对中华优秀传统文化的价值认识不全，也难以将其与大学生思想政治教育有效结合。一方面，部分教师对"福"文化的认知不足，在教学中仍采用传统的灌输式教学方法，过度强调规章制度和批评禁止，忽视了大学生自身的学习需求和个性发展，这种教学方式容易激发大学生的逆反心理，使其对思想政治教育产生厌恶感，与"立德树人"的根本目标背道而驰。另一方面，"福"文化所带来的教育影响是深远且潜在的，当其在短期内无法直接体现为教育成果时，其育人价值可能会受到一定程度的忽视。在部分教师的教育实践中，有时会出现"教学技能"与"育人理念"的失衡，"智育发展"与"德育培养"的错位，以及"科技能力"与"思想素质"的偏颇。尽管这些倾向并非主流，但也在一定程度上影响了大学生思想政治教育的育人实效。

（二）师资队伍"福"文化底蕴尚待加强

大学生思想政治教育理论课教师的"福"文化底蕴对于大学生、教师自身及整个校园文化的发展具有重大意义，直接影响校园文化体系的建设和育人实效。然而，在日常教育教学活动中，不少教师对于"福"文化的了解尚显浅薄。由于自身"福"文化底蕴不足，他们在教育教学过程中往往只能浅显地运用"福"文化，难以深入阐释其理论价值和精神特质，从而限制了大学生对"福"文化精髓的深入领悟，也抑制了育人的灵活性。

综上所述，部分高校教师对"福"文化及相关知识的了解尚不够系统全面，缺乏系统、专业的"福"文化教育培训和理论素养提升课程。由于教师自身并未对"福"文化进行系统深入的学习，因此，在教育教学过程中难以灵活、生动地传达"福"文化的精神内涵和时代价值。

一方面，由于教师对"福"文化理论的理解不够深刻，引入的教学内容往往显得抽象且与实际脱节。在将"福"文化融入大学生思想政治教育的过程中，也常出现与实际生活脱节的现象，过于注重精神内涵的讲解而缺乏与实际生活的结合，导致实践教学形式单一；教学情境单调，使得大学生难以将"福"文化与日常生活相联系；对"福"文化的理解不全面，难以提升大学生的思想觉悟和文化认同感。

另一方面，由于教师水平参差不齐，在大学生思想政治教育过程中，许多教师受限于自身的教学水平和方法，在运用"福"文化丰富课堂内容时，难以激发大学生的学习兴趣，课堂氛围显得压抑沉闷。同时，由于传统课堂以教师为主导，部分教师过于注重理论知识的宣讲，缺乏与学生的互动交流，难以产生思想上的碰撞、观点上的切磋、情感上的共鸣，进一步削弱了学生的学习热情，导致"福"文化融入大学生思想政治教育的效果未能达到预期。

二、教育主体层面存在的问题

（一）教育主体的自我教育主动性有待进一步提高

大学生是"福"文化和思想政治教育的核心主体，因此，充分激发大学生的主观能动性对于提升"福"文化教育的实效性至关重要。然而，在大学生思想政治教育过程中，由于受到全球化、市场化、娱乐化等多种社会因素的冲击，出现了大学生对"福"文化认知不全面、知识储备不足、学习主动性有待提升等问题，这给"福"文化融入思想政治教育带来了挑战。

1. 大学生对"福"文化的认知存在偏差

以"00后"为主的大学生群体，由于年代差异，对祖辈流传下来的优秀传统文化了解不够全面，加之受到各种思潮的影响，导致他们在日常生活中缺乏对"福"文化的正确认识。这种认知的形成，既与大学生日常学习模式的单一性和学习能力的差异性有关，也与高校的"福"文化融入工作的成效不足有关。

党的十八大以来，虽然多数高校都将中华优秀传统文化的相关课程设置为选修课程，但在一定程度上并未显著改善大学生对中华优秀传统文化的认知，尤其是对"福"文化的了解仍停留在表面的"福"字和"祝福语"上。例如，许多大学生在校园课余生活中，更倾向于关注卡通动漫、西方大片、娱乐八卦、杂志周刊、短视频 App 等内容，而对"福"文化在内的中华优秀传统文化的关注度和学习热情不高，对传统经典影视著作、诗歌、历史典故、传说、书籍等了解甚少。

甘守伟（2023）的研究指出，当前部分大学生对我国传统节日的认知存在局限性，对与"福"文化紧密相连的二十四节气以及春节、元宵节、中秋节等传统节日了解不足，而对圣诞节、情人节、万圣节等西方节日则更为熟悉。尽管部分大学生对清明节、端午节、中秋节等有法定假期的传统节日较为了解，但对其他冷门节日如寒食节等则知之甚少。例如，寒食节作为汉族传统节日中唯一以饮食习俗命名的节日，其蕴含的忠诚、廉洁的精神逐渐被忽视，在大学生群体中的知名度较低。

近年来，商家的炒作使得部分大学生对圣诞节等西方节日的来历了如指掌，对万圣节赠送糖果、平安夜互送苹果等习俗更为熟悉，甚至更倾向于过洋节。而对于如中元节这样具有深厚历史意义和文化含义的传统节日，部分大学生却对其历史意义和文化含义不甚了解，甚至与万圣节等西方节日混淆。

2. 当代大学生对"福"文化的认知程度有待深化

在新时代背景下，我国经济高速发展的同时，也伴随着对利益最大化的追求。因此，当代大学生更倾向于考取诸如英语四级、计算机二级、注册会计师等具有实用价值的证书。相对而言，由于多数大学生认为"福"文化在直接经济利益创造方面的技能较为薄弱，因此对其学习价值的认同度也相对较低。近年来，随着市场经济的繁荣和学历"内卷"现象的加剧，大学生面临着巨大的就业压力。为了增加就业竞争力，他们更多地关注实用性课程，将课余时间投入在各类证书和职业资格的考试中，而对"福"文化的相关知识则缺乏深入的了解和研究，难以真正领悟其知识内涵和文化精髓。

然而，值得欣喜的是，随着文化产业的蓬勃发展，部分高校的大学生已经开始关注并挖掘"福"文化的商业价值。他们利用"福"文化 IP 创造出了可观的收入和一系列就业机会。例如，福建农林大学的一群学生敏锐地捕捉到了这一商机，结合"福"文化元素，设计并推出了多款特色的文创产品，如福字挂饰、福字抱枕、福文化主题笔记本等，形成了"福潮""福礼"等文创品牌，不仅获得了经济效益，还带动了周边产业链的发展。这一案例充分展示了以"福"文化 IP 为核心的大学生文创产业集群不仅为在校大学生提供了实习和就业的机会，还吸引了更多有志于文化传承和创新的人才加入其中。虽然"福"文化具备显著的商业价值和文化内涵，但目前其被利用和开发的程度仍然相对较低，需要更多的关注和研究。

3. 当代大学生对运用"福"文化进行思想政治教育的意识有待加强

新时代的大学生成长于和平繁荣的时代，思想活跃，主体意识强烈。然而，在学习马克思主义、习近平新时代中国特色社会主义思想等先进主流思想的同时，他们可能会受到一些其他思潮的影响，导致价值认同上的动摇。因此，需要加强对优秀理论思想的教育引导，以增强他们的价值认同。同时，大学生在复杂多变的社会环境中可能难以做出恰当的价值判断。一些外部力量试图通过文化传播手段对"福"文化在内的中华优秀传统文化进行曲解和破坏，这不利于大学生文化自信的形成。因此，需要深化对"福"文化的研究和阐释，充分发挥其在大学生思想意识形态教育中的积极作用，增强他们的文化自信和群体认同。

综上所述，对于高校大学生而言，兴趣是学习的关键动力。虽然当代大学生对中华优秀传统文化的认同感普遍增强，但对"福"文化的学习和运用的兴趣仍有待提高。部分大学生对"福"文化相关知识的摄入缺乏积极性，将其视为被动接受的内容，而非内在提升的需要。此外，由于大学生对"福"文化的内容和时代价值、教育价值的认知不够成熟，导致他们难以将其与日常生活紧密联系起来，进一步影响了学习的兴趣和主动性。因此，我们需要通过多种途径和方式，激发大学生对"福"文化的学习热情，提升他们的文化自觉和文化自信。

（二）多元思潮冲击教育主体意识形态

新时代以来，随着我国改革开放的全面深入，我国如期实现了第一个百年奋斗目标，即全面建成小康社会，广大人民的生活水平得到了极大提高，人们从对物质文化生活的需求转向为对美好生活的追求。随着全球化的纵深推进，在高新技术的推动下，互联网迭代更新速度加快，新事物不断涌现。数字平台的兴起和数字技术的变革，使得世界多元文化传播、交融变得更加高效便捷。在这样的背景下，成长中的新时代大学生视野开阔，在享受多元文化交融带来的红利时，也面临着诸如青年亚文化、历史虚无主义、消费文化等多种思潮的冲击，这些思潮给他们的思想观念、价值观及行为活动带来了迷茫和困惑，为"福"文化融入大学生思想政治教育带来了巨大挑战。

1. 青年亚文化的侵蚀

青年亚文化是各个时期处于边缘地位的青年群体所创造的文化，它往往被媒体刻意宣传、放大，对传统文化具有一定的批判性和颠覆性。青年亚文化主要体现为青年为解决自身所面临的矛盾和问题，而排斥、抵抗传统权威和主流文化，从而在思想观念、行为方式及话语体系等方面形成与主流文化不同的风格和形式。它属于次要地位的从属、支流文化形态。青年大学生根据不同的亚文化趣味形成了诸如二次元、古风圈、网游圈、网文圈、动漫宅、技术宅、美妆圈、Up 主圈、Cosplay 等青年亚文化群体。这些亚文化群体具有娱乐性、参与性、叛逆性和区隔性等特点。区隔性表现为"文化被特定群体成员创造、共享，由此具有区隔群体的功能"，（宋宪坤、史安斌，2004）主要体现为趣味区隔、审美区隔、代际区隔。近年来，青年亚文化在青年大学生群体中热度逐渐上升，占据了一定的地位。一方面是因为这些文化内容与他们的心理需要和生活方式相契合，反映了他们的社会需求和情感诉求；另一方面，这些文化内容多具有轻松愉快的特性，或是能利用独特的表达方式表达自嘲与揶揄，因此在亚文化群体中形成了稳定的文化认同。尽管"福"文化及其他中华优秀传统文化在教学中也具有很强的趣味性，但目前尚未被充分挖掘和有效利用，这在一定程度上影响了"福"文化融入大学生思想政治教育的效果。

一是青年亚文化抢占大学生思想政治教育的阵地。主流文化的主要传播阵地是思想政治教育课堂，它在新时代大学生的成长成才、校园生活以及未来就业选择中均发挥着不可替代的关键作用。"福"文化是主流文化的重要组成部分。随着互联网的高速发展，青年亚文化在资本和网络媒体的助推下，凸显出试图抢占大学生思想政治教育传播空间、阵地的特点。一方面，它从内部争夺，即通过满足青年大学生追求独特、另类的心理，利用朋辈文化的影响力，掀起追捧之风；另一方面，它从外部环境争夺，利用网络的便捷性和高效性，随时随地发布相关内容，通过"回音壁""信息茧房"等方式在不知不觉中影响大学生的思想观念。或是某些别有用心的人和商业机构将其藏匿于校园文化中，打着青年亚文化的旗号，制造热点迎合大学生心理，挤压并侵占校园"福"文化及思想政治教育的空间和阵地。

二是青年亚文化削弱了"福"文化融入大学生思想政治教育的教育实效。大学生思想政治教育的理论知识和内容体系是系统、科学的。然而，在青年亚文化的影响下，部分大学生对网络产生过度依赖，注意力被娱乐八卦分散，这给"福"文化融入大学生思想政治教育带来了挑战。但我们不能忽视青年亚文化也具有一定的积极因素。同时，大部分青年大学生对"福"文化等传统文化仍保持着浓厚的兴趣，通过参与文化活动感受传统文化的魅力。因此，我们不能简单地将青年亚文化与负面言论等同起来，也不能否认青年大学生在追求娱乐的同时也在努力寻找自己的价值和使命。教育者应该积极引导他们正确看待青年亚文化，加强思想政治教育，帮助他们树立正确的价值观和信仰，为"福"文化融入大学生思想政治教育提供有力支持。

三是青年亚文化消解了"福"文化融入大学生思想政治教育的教育功能。在大数据、互联网、人工智能等高新科技飞速发展的背景下，"效率"成为衡量发展的重要指标，青年大学生在高速运转的社会生活中容易迷失自我。青年亚文化在网络上的强大渗透力和影响力，极易影响教育的导向功能。而思想政治教育的基本功能之一便是导向功能，它体现了思想政治教育的目的性和意识形态性，是其他任何教育都无法替代的（孙晓琳，2020）。"福"文化融入大学生思想政治教育有助于强化其导向功能，帮助大学生树立明确的政治导向和人生目标。然而，部分青年亚文化侧重于凸显社会矛盾，利用网络平台散布看似前卫、时尚的观点，却缺乏实质性、可行性的解决办法，这削弱了"福"文化对大学生思想政治教育的导向功能及强化作用，不利于培养大学生的理想信念。

2. 网络消费文化的冲击

消费文化，即各类厂商与消费者之间在物质生产与精神生产、社会生活及消费活动中所体现的消费理念、消费行为、消费方式和消费环境的总和。大学生作为特殊的消费群体，其消费观念及选择随着网络和新兴科技的发展不断演变，形成独特的消费文化理念，尤其在网络消费文化方面。然而，在西方消费主义和网络媒体的双重冲击下，大学生的消费行为逐渐偏离道德轨道，追求物质享受和超前消费，导致消费水平远超正常范畴，给大学生带来不良影响。

一是消费文化对大学生消费伦理的侵蚀，削弱了"福"文化弘扬的节制欲望、知足常乐的消费观。吴雪燕、卢勇（2018）认为，随着全球化浪潮的推进，消费文化的渗透逐渐改变了中国人的生活方式，人们不再仅仅满足于商品的使用价值，而是追求精神满足和自我满足，这对中国传统消费观念产生了巨大冲击。大学生作为消费主力军，其消费行为受到西方消费文化的影响，可能出现盲目消费、跟风消费或非理性消费的情况。他们过度追求物质享受，忽视了勤俭节约的传统美德。这种消费伦理的颠覆对"福"文化构成了挑战，影响了"福"文化在培养大学生知足常乐、勤俭节约等美德方面的效果。

二是大学生产生的网络依赖性和社交行为虚拟性进一步模糊了现实与网络的界限。网络消费文化的盛行，使大学生花费大量时间在网络上，商业资本利用网络制造的噱头、话题、热点加剧了这种依赖。过度依赖网络可能导致大学生逃避现实，人际关系紧张，产生孤僻、消极的思想和行为。这与"福"文化所倡导的珍惜人生经历、用积极行动体验和创造幸福人生的理念相悖。这种现实与网络的界限模糊给思想政治教育工作及"福"文化融入大学生思想政治教育带来了挑战。

3. 历史虚无主义的侵袭

历史虚无主义是一种错误的思潮，会产生巨大的影响与危害。究其根本，新时代大学生的知识体系、人生观、价值观等尚未成熟，这给了历史虚无主义思潮可乘之机。历史虚无主义思潮利用其极具迷惑性和隐蔽性的特点，悄然侵蚀青年大学生的意识形态领域。历史虚无主义思潮抓住大学生标新立异、追求独特的心理，运用各种手段对历史资料进行随意裁剪、包装，扭曲事实，为所谓"新"观点的论证服务。这些"新"观点表面上给大学生一种"独特新颖"的错觉，对于缺乏一定历史知识底蕴的大学生来说，辨别其真实性便显得尤为困难。

对此，部分具备较强甄别能力的大学生，能够较好地抵制这些歪曲事实、扭曲历史的"新"观点。但仍有部分大学生能力有所欠缺，特别是在互联网和新媒体网络平台高速发展的背景下，历史虚无主义通过网络冲击青年大学生的思想愈发便捷。长此以往，新时代大学生的意识形态领域可能受到严重影响，这不仅加大了"福"文化融入大学生思想政治教育的难度，同时也对成长中的大学生造成不容忽视的伤害。

一是历史虚无主义思潮会模糊大学生的历史观。"福"文化作为历史资源的一部分，是融入大学生思想政治教育的重要内容和有效手段。历史虚无主义通过片面解读、歪曲历史事实，破坏历史研究的客观性原则，试图构建所谓的"新史观"，这在一定程度上影响了新时代大学生的民族记忆和历史记忆，使他们对历史的认识变得模糊。在网络上，历史虚无主义甚至以"反思历史"为名，对历史事件进行随意拆解和拼凑，加入主观臆断，试图否定中国共产党为人民谋福祉、创造幸福生活的历史功绩。然而，这种对历史的片面解读和歪曲并不能改变历史事实，也不能削弱中国共产党在历史上的重要地位和作用。我们应当以客观、全面的态度看待历史，尊重历史事实，珍惜历史记忆。同时，加强对大学生的历史教育，引导他们正确看待历史，增强民族认同感和自豪感。在大学生思想政治教育中，应着重引导大学生构建坚实的历史观，深入探究历史真相，清晰认识历史发展的内在规律，并促进大学生对"福"文化等优秀传统文化的继承与弘扬，为中华民族伟大复兴的中国梦注入青春活力。具体而言，我们需要创新课堂教学、专题讲座及实践活动等教学方式，详尽阐述历史事件的背景、演变脉络及其深远意义，使大学生能够全面理解历史的复杂性与多样性，并培养他们以辩证的视角审视历史。

二是历史虚无主义思潮对新时代大学生的价值观产生侵蚀。江侠、雷经发（2022）指出，我国课程资源丰富，中华优秀传统文化融入课程思政建设能更好地适应当代大学生价值需求多样性的变化，发挥各种专业课程独特的优势。然而，随着信息时代的到来，西方的一些价值渗透使当代大学生逐渐趋于迷茫。在这一过程中，"福"文化融入大学生思想政治教育本应发挥其在引导大学生树立正确价值观方面的重要作用，但历史虚无主义对青年大学生意识形态领域的冲击，却影响了"福"文化对青年大学生价值观的正确引导。

一方面，随着网络相关技术的发展，互联网成为新时代大学生表达与交流思想的主要阵地。然而，网络环境良莠不齐，互联网的匿名状态加剧了网络环境的混乱程度，导致网络空间存在无原则底线、无序甚至暴力的信息。青年大学生由于对社会生活的复杂性认识程度不足，同时因其阅历尚浅，很容易被别有用心之人利用，在网络上对社会热点现象等进行抨击。另一方面，由于当代大学生的学习和生活压力不断增大，为了缓解压力，多数大学生选择通过网络娱乐放松身心。一些媒体利用网络平台的便捷性和低准入性的特点，生产制造肤浅、狭隘的娱乐产品，导致网络信息泥沙俱下，在社会形成"泛娱乐化"的风气。历史虚无主义借助这股不良风气，在娱乐产品中夹带不良观点，混淆视听，导致部分大学生在纷繁芜杂的娱乐信息中精神动力逐渐减弱，难以保持持久的内在驱动力。历史虚无主义正是这样趁机浑水摸鱼，大肆散布他们所谓的"新"观点和"新"论断，不动声色地抢占青年大学生的意识形态领域，侵蚀着青年大学生的价值观。在此情况下，"福"文化很难真正地深入人心，"福"文化强化育人的目的也难以达成。

三是历史虚无主义思潮弱化了青年大学生的政治观。在马克思主义的指导下、在中国共产党的领导下，中华民族实现了从站起来、富起来到强起来的伟大飞跃，中国人民的幸福指数不断提高。通过阐释中国共产党为人民谋取幸福的不懈努力，"福"文化有助于青年大学生坚定政治立场、明确政治方向，以民族复兴为己任，积极投身于实现中华民族伟大复兴的事业中。历史实践一再证明，马克思主义是中国共产党的灵魂与旗帜，社会主义道路是中国人民基于近代以来的历史作出的最合目的性与合规律性的辩证统一的正确选择，引领中国人民走向幸福之路。

李俊斌和王欣（2023）指出历史虚无主义思潮试图挑战马克思主义在意识形态领域的指导地位，污蔑和歪曲马克思主义，并在马克思主义研究领域制造对立。然而，这种挑战并不能动摇马克思主义的科学性和指导性。同时，历史虚无主义还鼓吹资本主义制度的优越性，试图质疑中国特色社会主义道路的正确性。但我们要清醒地认识到，中国特色社会主义道路是符合中国国情的发展道路，是经过实践检验的正确道路。

因此，我们需要加强对大学生的历史教育和思想政治教育，帮助他们树立正确的历史观和政治观，增强对中国特色社会主义道路的认同感和自豪感。在这个过程中，我们应该注重引导大学生全面、客观地看待历史和现实，认识到中国特色社会主义的优越性和发展潜力。同时，我们也要积极传承和弘扬"福"文化等优秀传统文化，为大学生提供丰富的精神滋养和文化支撑。

（三）"福"文化融入环境尚未形成一体化格局

环境因素是一种无形的教育资源，能够在潜移默化中影响大学生的思想认知。将"福"文化融入大学生思想政治教育中，仅仅依赖思想政治教育理论课教师的素养和大学生的自觉是不够的。内部的思想引导固然重要，但外部环境的熏陶同样能够激发教育主体的积极性，并强化融入效果。环境带来的影响是潜移默化的，能在无形中改变教育主体的思维逻辑，对"福"文化融入大学生思想政治教育起到辅助作用。对于青年大学生而言，长期生活在"福"文化氛围浓厚的环境中，他们对"福"文化的学习热情和素养便会得到显著提升。

综上所述,第一,"福"文化融入大学生思想政治教育不应局限于思想政治教育课堂,而应充分利用校园环境作为辅助手段。校园环境是课堂外的第二教育场所,具有"福"文化元素的校园环境能够帮助大学生更深入地理解"福"文化的内涵和精神。通过"福"文化环境的熏陶,可以将其中蕴含的思想政治教育精髓与中华优秀传统美德传递给大学生,有效激发他们学习"福"文化的热情,进而更快地实现"立德树人"的根本目标。因此,在将"福"文化融入大学生思想政治教育时,既要重视高质量的教育教学内容,也要建设富含文化涵养、审美价值等教育功能的"福"文化校园环境,营造浓厚的"福"文化学习氛围,在潜移默化中提升青年大学生的思想认识,充分发挥校园"福"文化环境的育人效果。

然而,从当前"福"文化融入大学生思想政治教育的现状及高校"福"文化环境建设情况来看,还存在一些不足。一是部分高校未能充分将"福"文化融入学校社团文化中。社团部门活动是大学生组织活动、增强综合素质、开展自我教育的重要途径,但部分高校社团组织架构松散,缺乏长期计划和组织深度,活动内容偏娱乐和消遣,未能深入挖掘和体现"福"文化的教育价值。二是部分高校在校园文化建设中缺乏对"福"文化与学校精神文化的深度理解,未能将"福"文化与校园建设内容有机融合,而是简单地堆砌文化元素。校园内的景观布局和建筑设计风格等本应体现"福"文化的精神内涵,但部分高校忽视了这一点,导致"福"文化在校园环境中的呈现不够充分。三是部分高校对"福"文化的宣传缺乏重视,宣传形式单一,缺乏对"福"文化深层含义的挖掘和提炼。教育活动组织力度不足,以"福"文化为主题的教育项目较少,未能有效激发大学生的学习热情。同时，校园文化墙、宣传栏等宣传内容普遍缺乏新意，未能充分利用"福"文化的历史典故和物质载体对青年大学生进行教育。此外，高校校园文化环境对"福"文化相关内容的新媒体呈现度不足，未能充分利用网络媒体的传播优势，降低了大学生对"福"文化的关注度和了解程度。

第二，从营造家庭"福"文化环境来看，良好的家庭文化环境能够有效影响大学生对"福"文化的态度。家庭是人生的第一个课堂，父母是孩子的第一任老师。家长的言行举止和教育方式，深刻影响着大学生对中华优秀传统文化的态度。父母是否将中华优秀传统美德融入家庭教育，是否传授"福"文化知识，以及是否在学习和践行"福"文化美德中以身作则等，是"福"文化融入大学生思想政治教育需要重点关注的问题。同时，家风的好坏也是影响大学生成长成才的重要因素。习近平总书记指出："家风好，就能家道兴盛、和顺美满；家风差，难免殃及子孙、贻害社会。"因此，在"福"文化融入大学生思想政治教育中，家校联动同样至关重要。教育好大学生不仅是高校教师的责任，父母和家庭环境同样在其中起着重要的辅助作用。虽然校园是大学生思想政治教育的主要场所，但家庭作为大学生放假期间的主要生活场所，对于思想政治教育和"福"文化的学习同样具有重要意义。然而，当前青年大学生的父母大多受教育程度较低，文化素养相对不足，难以深刻认识到家庭环境和家庭教育对大学生树立正确价值观、道德观的重要性，不能充分利用身边的"福"文化元素，从而对"福"文化融入大学生思想政治教育产生一定影响。

第三，从社会文化环境建设现状来看，对"福"文化的重视程度和宣传力度正逐年上升。近年来，为响应中共中央、国务院的号召，许多城市都开展了中华优秀传统文化的相关宣传活动。例如，福建部分城市对"福"文化进行了重点宣传，举办了"福"文化主题新年集会、写"福"字等活动。然而，在"福"文化弘扬过程中仍存在一些问题，如部分文化宣传产品对"福"文化内涵理解不深、选用范例不当，使市民和大学生产生误导。这反映出某些城市对"福"文化的弘扬和宣传重视不足。随着全球化的深入，文化多元现象逐渐凸显，青年大学生的心智和判断能力尚未成熟，容易受到不良文化的侵蚀。这些不良现象对"福"文化的弘扬和传承造成冲击。因此，社会应加强对"福"文化的重视和宣传力度，并不断完善社会监管措施，坚决抵制和剔除外来不良文化，为大学生提供一个良好的社会文化环境，促进他们的学习、发展和进步。高校与社会应形成良性互动，为"福"文化融入大学生思想政治教育提供新的社会平台。

高校、家庭、社会所处的文化环境不同，对"福"文化融入大学生思想政治教育产生的影响也各不相同。高校作为培养大学生思想观念的主要场所，大学生在此主动接受教育知识；而家庭和社会作为大学生思想观念形成的次要场所，则在无形中影响着大学生的思维模式。三者之间"福"文化环境氛围的差异，使得它们难以形成有效联动。若其中某一环节出现疏漏，则可能导致青年大学生的思想受到冲击，从而对"福"文化融入大学生思想政治教育产生阻碍。

第三节 方法维度：教学方法趋同、传播方式单一

一、"福"文化融入大学生思想政治教育的教学方式方法创新性有待提高

"福"文化作为中华民族深厚的文化底蕴之一，是大学生思想政治教育的重要物质支撑和精神滋养，对于丰富课程思政内容、增强教育实效具有积极作用。然而，当前"福"文化融入大学生思想政治教育的教学方式方法创新性有待提高。

思想政治教育理论课是"福"文化融入大学生思想政治教育的最基本路径，但大学生对思想政治教育课程的满意度较低，主动学习的兴趣和积极性有待提高，导致融入的实效性有待增强。这主要存在两方面的问题。

首先，教学方法的匮乏导致育人成效不显著。目前，"福"文化融入大学生思想政治教育理论课仍主要采用教师讲授、学生听课的单向灌输式教学方法，缺乏双向互动和实践体验，无法将"福"文化的理论知识和精神内涵深刻融入教育全过程，以增强大学生的体验感。这种教学方式使课堂显得枯燥乏味，与增强课堂趣味性的目的相悖，无法有效激发学生的主观能动性与学习积极性。

其次，教学手段和教学内容存在形式化问题。当前，大学生思想政治教育对"福"文化的教学普遍采用传统课堂和相关活动，没有充分考虑不

同大学生的身心发展规律和学科背景差异。例如，文科类大学生对"福"文化等传统文化的了解较深，而理工科类大学生则相对缺乏理论基础和运用意识。此外，不同年级的大学生在知识接受程度和思想成熟度上也存在差异。因此，单一的教学方式无法满足所有大学生的需求，无法实现"福"文化真正内化于心、外化于行。

针对这些问题，我们需要从"大水漫灌"式教育转向"精准滴灌"式教育。具体而言，应根据不同大学生的身心发展规律、学科背景和年级特点，制定个性化的教学方案，采用多样化的教学手段和教学内容，以增强教学的针对性和实效性。同时，加强教师的培训和交流，提高教师的"福"文化素质和教学能力，确保教学内容的系统性和连贯性，避免"福"文化教育呈现碎片化的情况。

二、"福"文化的传播方式单一、滞后

传播方式是在传播过程中由传播载体、话语表达方式、传播叙事方式所构成的一整套体系，每种文化的传播都有其特定的方式。随着网络媒体的发展迭代、现实问题的更新、个人主体意识的凸显，"福"文化的传播方式已逐渐改变单向传播的传统模式，但在实践方式和传播策略上仍滞后于新的模式。

（一）"福"文化的传播手段相对落后

从整体上看，"福"文化通过传统传播手段在大学生思想政治教育中发挥了重要作用。然而，随着时代的变迁，这些传统手段已逐渐无法满足青年大学生日益增长的心理需求。在互联网、大数据、新媒体等高新技术的推动下，传统传播手段面临的挑战愈发严峻，其传播效果也大打折扣。总体而言，"福"文化的传播手段方式在创新上显得不足，落后于时代发展要求和新时代大学生的心理需求，主要体现在传播手段的载体和理念上。

一是"福"文化传播手段的理念创新相对滞后。对内而言，其传播理念尚未实现从"他塑"到"自塑"的转变，过分强调借助外力向新时代大学生宣传"福"文化，即采取的传播手段多属于"他塑"类型。这种"他塑"理念容易忽视青年大学生对"福"文化的具体需求，导致传播效果不佳。利用"福"文化教育新时代大学生，应使"福"文化的价值理念被大学生所认同并接受，这是"福"文化传播的核心。因此，应推动"他塑"向"自塑"的转变，并结合二者，充分发挥大学生的主观能动性，使其实现自我内化。对外而言，从"送文化"到"展形象"的传播理念转变滞后。当前，"福"文化的传播仍停留在让学生了解其内容或完成课程学习的表层上，即仍向大学生生硬地输送文化。在全球文化交流融合的背景下，"送文化"的传播理念已显落后，应转向"展形象"，以满足学生的实际需求。简而言之，即让新时代大学生被"福"文化的魅力所吸引，进而

福" 文化融入高校思政教育的链接逻辑与创生路径

自主学习，将"福"文化的核心内涵融入自身精神体系。

二是"福"文化传播手段的载体创新性稍显不足。从传播实践来看，传播载体的选择直接影响传播效果。在中国民间，年画、谚语、熟语、戏曲、民俗活动等是主要传播载体。进入新时代，"福"文化形成了系统完善的研究文献，电视、报纸、期刊、广播等传统传播载体也发挥了作用。此外，还兴建了"福"文化民俗馆、非物质文化遗产展陈馆、博物馆、主题街区等静态展示载体。然而，这些传统载体存在传播面窄、速度慢的问题。随着全媒体时代的到来，集文字、图像、音频、视频等多功能于一体的新媒体平台为"福"文化传播提供了更广阔的空间。因此，构建"福"文化网络立体动态传播载体，为新时代大学生提供便捷的信息传递方式和生动的视听体验，实现智能化、智慧化、数字化、体验化的传播手段势在必行。

综上所述，"福"文化传播手段的理念滞后和载体落后，导致"福"文化融入大学生思想政治教育的效果停留在理论层面，难以有效地激发大学生的学习兴趣，也无法满足新时代大学生的信息需求。

（二）"福"文化传播的实践方式创新性有待加强

任何一个文化都拥有其完善的体系，经历文化的生产、分配、消费后，便进入实践环节。"福"文化只有经过实践，才能真正将理论知识与生活实际相结合，体现其源于实践并指导实践的特性，为受众提供全面指导。然而，在"福"文化融入大学生思想政治教育的实践活动中，实践方式的创新性略显不足，主要体现在同质化和形式化两个方面。

154

首先，"福"文化传播的实践方式同质化较为严重。审视"福"文化在青年大学生中的实践现状，不难发现主要是通过研学实践展开。一方面，利用与大学生密切相关的校园文化，展示非物质文化遗产实物，以及开展"福"文化主题宣讲、班会等。另一方面，则在课外通过"福"文化教育基地，由老师带领大学生进行短期研学，如参观博物馆、陈列馆、民俗馆等，或邀请"福"文化专家、非物质文化遗产传承人进校园与学生交流。然而，经观察发现，多数高校在"福"文化实践教育活动上缺乏特色，与其他文化活动区别度不高，同质化现象明显。

其次，"福"文化传播的实践方式形式化现象较为突出。目前，"福"文化的实践教育活动常流于表面，形式重于实质。一方面，由于时间紧迫，行程安排紧凑，大学生难以深入理解和领悟实践活动的内涵。在"福"文化走读活动中，为确保学生安全，活动时间往往被压缩，导致学生只能走马观花地参观多个博物馆，难以真正体验和感悟"福"文化的精髓。另一方面，由于参与学生人数众多，难以确保每位学生都能获得有效的讲解和指导，部分学生甚至因无法听到讲解内容而逐渐失去兴趣，导致活动效果大打折扣。

总而言之，"福"文化的传播实践方式既未能满足实践教学的需求，也未能满足大学生对"福"文化学习的期望。因此，加强"福"文化传播的实践方式创新显得尤为重要。

第四节　管理维度：教育机制滞后、教育体系失衡

一、融入效果评价机制的缺位

"福"文化作为新时代大学生思想政治教育的优质素材，有助于高校达成"立德树人"的育人目标。尽管"福"文化融入大学生思想政治教育的研究在理论与实践层面都取得了一定成果，但对融入效果评价的研究仍不充足，评价机制的构建也还存在一定程度的缺位。具体表现为"福"文化融入大学生思想政治教育的评价主体不够明确、评价标准不够规范、评价手段不够清晰。

（一）"福"文化融入效果的评价主体不够明确

在评价"福"文化融入大学生思想政治教育的效果时，首先需要明确评价主体。根据大学生思想政治教育活动的一般要求，评价主体可分为内部评价和外部评价两类。内部评价涉及教师评价和学生评价，外部评价则主要是同行评价。教师评价需要教师反思自身在课堂中选用的融入内容、方式以及与学生的互动情况；学生评价则基于学生对教师的教学方法、融入内容以及所传递价值的接受程度。然而，当前的评价机制在明确各评价主体的地位和作用方面存在不足，特别是在"福"文化融入的特定情境下，评价主体的界定和权重分配尚未得到充分的考虑。

（二）"福"文化融入效果的评价标准不够规范

评价标准是衡量事物的重要尺度，在"福"文化融入大学生思想政治教育的效果评价中，现有的评价标准尚不规范。一般而言，评价标准包括思想性、知识性和政治性等方面。思想性评价较为抽象，难以量化；知识性评价以学生对"福"文化知识的掌握程度为标准，相对直观；政治性评价则关注教育主体的政治立场和信仰。然而，这些标准在衡量"福"文化融入效果评价时，缺乏针对性和有效性。如何根据"福"文化的特点制定更为科学合理的评价标准，是当前亟待解决的问题。同时，对于其他可能引入的评价标准，其操作方式、地位和作用也需要进一步明确和规范。

（三）"福"文化融入效果的评价手段不够清晰

从大学生思想政治教育活动效果的评价手段来看，评价手段主要包括课堂评价、课程考核、网上评价（刘武根、李奕欣，2023）。

课堂评价是一种即时进行的教学评价方式，它允许在课堂上直接对"福"文化的融入效果进行评估。然而，这种评价方式在一定程度上可能受到师生关系的影响，即学生可能因顾及师生情面而给予不够真实、客观的评价。

课程考核是当前广泛采用的评价手段，通常采用闭卷考试的形式，题型多样，具有开放性，能够较为准确地检验大学生学习"福"文化的实际情况。

网上评价则依托网络的便利性，通过建立专门的评价系统，预设问题和选项答案，让学生根据提示进行选择。不过，网上评价也存在一定的局限性，如部分学生可能敷衍了事，导致评价的真实性、严谨性和有效性不足。

然而，目前学术界尚未对"福"文化融入大学生思想政治教育的效果评价手段给出明确的界定。各种评价手段的地位、作用及适用场景均不够清晰。以往思想政治教育活动中普遍适用的多种评价手段，在"福"文化融入大学生思想政治教育中的适用性尚未经过充分的检验和验证。

二、融入机制不够完善，保障机制不够健全

中共中央、国务院对文化事业建设给予了高度重视，特别是对"福"文化等中华优秀传统文化的培养和传承。作为中华优秀传统文化的深厚根脉，"福"文化承载着悠久的历史底蕴和丰富的民族精神，是中华民族文化认同的重要基石。它不仅体现了中华民族独特的文化特质和价值追求，更在推进课程思政建设中发挥着重要的文化支撑作用。其深厚的文化底蕴和丰富的精神内涵，为课程思政提供了丰富的教育资源，有助于学生深入理解和把握社会主义核心价值观，培养其深厚的爱国情怀、坚定的社会责任感和崇高的人文精神。

因此，深入研究和挖掘"福"文化的学术价值，对于促进课程思政的深入发展，推动中华优秀传统文化在当代的传承与弘扬，具有重要的理论

意义和实践价值。各大院校应积极响应国家号召，将"福"文化、红色文化等先进文化成果融入高校的思想政治教育中，但在这一过程中，引入效果参差不齐。

任何活动的开展都需要有健全、完善的机制加以制约和规范，"福"文化融入大学生思想政治教育也不例外。然而，目前"福"文化融入大学生思想政治教育的机制建设尚不完善。在"福"文化教育体系中，学校各部门之间缺乏纵向领导、横向联动及全员参与"福"文化教育的合作机制。部分高校尚未充分认识到校园"福"文化建设的重要性和必要性，这直接导致"福"文化建设在硬件设施、人员安排、财务支撑等方面保障、管理工作不到位。

在运行机制建设中，对于"福"文化的融入，往往仅限于举办不同活动，而未深入思考活动的深层次含义，未考虑到不同实践活动之间的关联性及长期有效性。缺乏相关的规章制度来约束"福"文化活动的举办、规定"福"文化的建设进程，缺乏对校园"福"文化建设的深度挖掘和长远规划。

在部门联动机制中，尚未有高校成立专门的领导机构来统筹学校的"福"文化宣传工作。在已有的传统文化教育领导责任机制中，各级领导在监管方面缺乏有效衔接，对"福"文化的宣传工作尚未实现常态化。各部门在开展合作时因缺乏统一领导，难以形成合力，使得"福"文化融入大学生思想政治教育工作缺乏长期有效的助推力。

由于学校领导责任机制、宣传长效机制、部门联动机制的缺失，教育主体接触高质量融入课程的机会减少，教育主导的动力不足，各部门的工作合力难以形成，进而影响"福"文化融入大学生思想政治教育工作的成效。从宏观角度看,"福"文化包括物质层面、精神层面及制度层面,相应的,大学生"福"文化教育也应从这些方面入手。然而,在实际中,多层面、多角度考虑的"福"文化校园建设偏少,主管部门权责分工、工作人员的"福"文化素质、教育模式规范、教学特色等多方面仍存在问题,这主要是融入过程缺乏必要的内在逻辑性和系统性所导致的。

第六章 "福"文化融入高校思想政治教育的原则遵循

第一节 坚持政治性与多样性相结合，坚定准确的政治方向

一、政治性原则

政治性是大学生思想政治教育的核心，它要求教育者必须保持坚定的政治定力，始终坚守正确的政治方向。这一原则由思想政治教育的性质和任务所决定，旨在培养德智体美劳全面发展的社会主义建设者和接班人。因此，政治性是确保大学生思想政治教育沿着正确方向发展的关键。

在"福"文化教育中，教育者应站在为党育人、为国育才的高度，对"福"文化的核心要义和深刻内涵进行准确解读。这要求教育者深入学习、研究、理解党的理论、路线、方针、政策，并将其与伟大建党精神紧密结合。

首先，教育者需全面准确理解"福"文化的内涵和实质，包括坚定理想信念、为民服务、无私奉献、艰苦奋斗等方面的内容。通过深入研究，

准确把握其精神实质和时代价值，为大学生提供丰富的教育资源。

其次，教育者应将"福"文化与党的理论、路线、方针、政策紧密结合，深入学习党的理论创新成果，了解党的路线、方针、政策的历史演进和现实意义。将伟大建党精神融入其中，引导大学生正确认识和理解党的领导和中国特色社会主义制度的历史必然性和优越性。

最后，教育者应注重引导大学生将"福"文化转化为实际行动，鼓励他们将"福"文化内化于心、外化于行。通过社会实践、志愿服务等方式，让大学生在实践中感受和践行"福"文化，增强他们的社会责任感和历史使命感。

同时，教育者还需坚持正确的政治立场，加强对大学生的思想引导，帮助他们树立正确的世界观、人生观和价值观。教育者应培养大学生的独立思考能力和批判精神，引导他们正确看待当今世界和中国面临的现实问题，提高他们的社会责任感和历史使命感。此外，教育者还需关注大学生的心理健康和人际交往等方面的问题，为他们提供全方位的指导和支持。

在解读"福"文化时，教育者应强调其与社会主义核心价值观的内在联系。通过具体的历史事件、人物故事等，引导大学生深刻领会党的理论和历史，增强"四个自信"，坚定理想信念。

总而言之，政治性是"福"文化融入大学生思想政治教育的核心要求。只有坚持政治性原则，才能确保"福"文化融入大学生思想政治教育沿着正确方向发展，为培养德智体美劳全面发展的社会主义建设者和接班人提供有力支撑。同时，这也是高校思想政治教育者的职责使命所在，他们应不断提高自身的政治素质和教学水平，为实现"立德树人"的育人目标贡献自己的力量。

二、多样性原则

多样性是高校思想政治教育中的重要原则，它要求教育者在国家权威教材的基础上，结合各地丰富的"福"文化资源，灵活运用多种教学方法和手段，使教育内容更加丰富、生动、有吸引力。

首先，教育者应根据大学生的实际情况和需求，灵活运用各种教学方法。新时代大学生的需求和特点是多样化的，因此，教育者需要采用多元化的教学方法以满足不同学生的需求。例如，案例教学法可以引导学生通过分析实际案例来深入理解"福"文化的内涵和价值；情景模拟法可以让学生在模拟的情境中亲身体验和感受"福"文化的实际运用；互动讨论法则可以激发学生的思考和表达能力，促进他们对伟大建党精神的理解和认识。这些教学方法的采用，能够激发大学生的学习热情和兴趣，使他们更加积极地参与课堂活动，提高他们的思考深度和实践能力。

其次，多样性原则还要求教育者充分利用各地的"福"文化资源，并将其融入大学生思想政治教育中。"福"文化是历代中国人民在追求幸福生活过程中留下的宝贵财富，具有丰富的历史内涵和教育意义。教育者可以通过编写相关教辅材料、组织学生参观"福"文化教育基地、"福"文化博物馆等形式，引导学生亲身感受"福"文化的魅力。这不仅能够加深大学生对"福"文化的理解和认识，还能培养他们的爱国主义情感和社会责任感。

然而，在融入过程中，教育者需要注意以下几点：一是要结合高校及大学生的实际情况和资源特点，选择适合的"福"文化资源进行利用；二是要保持历史真实性，不得歪曲历史事实或夸大其词；三是要与国家现行教材相统一，确保教育内容的一致性和科学性；四是要注重教育效果，引导学生深入思考和理解"福"文化的内涵和价值。

综上所述，多样性原则是提升大学生思想政治教育效果的重要手段。通过灵活运用多种教学方法和充分利用各地的"福"文化资源，可以使教育内容更加丰富、生动、有吸引力。同时，教育者还需注意结合实际情况、保持历史真实性、与权威教材相统一及注重教育效果等方面的问题，以确保教育质量和效果的提升。

三、在坚持政治性的基础上发展多样性，在多样性中保持政治性

在大学生思想政治教育中，坚持政治性的基础上同时发展多样性，是确保教育质量、提升教育效果的关键原则。政治性是高校思想政治教育的核心要求，而多样性则是实现教育目标的重要手段。在追求多样性的同时，必须坚守政治性的底线，以确保教育的正确方向。

首先，教育者应牢记职责使命，深入学习、研究、理解党的理论、路线、方针、政策，并将其作为思想政治教育的核心内容。习近平总书记关于大学生思想政治教育的重要指示精神，为教育者提供了根本遵循。教育者应全面准确理解这些指示精神的内涵和实质，将其贯穿于教育实践的全过程。同时，教育者还需密切关注大学生的思想动态和实际需求，为他们提供有针对性的指导和支持。

其次，教育者应不断更新教育理念，创新教育方式方法，以提升思想

政治教育的吸引力和感染力。传统的单向灌输式教育已难以满足当代大学生的需求，因此教育者应积极探索新的教育方式和方法。例如，可以采用案例教学、情景模拟、互动讨论等多种教学方法，以激发大学生的学习热情和参与度。此外，教育者还可利用新媒体平台和信息技术手段，如微信公众号、网络课程等，拓展思想政治教育的空间和渠道，使教育内容更加贴近大学生的实际需求和生活体验。

再次，教育者应注重培养大学生的独立思考能力和批判精神。在思想政治教育中，教育者应引导大学生正确看待当今世界和中国的现实问题，帮助他们分析问题、解决问题。同时，教育者应鼓励大学生勇于表达自己的观点和看法，培养他们的批判性思维和独立思考能力。这样不仅能提高大学生的综合素质和能力，还能增强他们的社会责任感和历史使命感。

最后，教育者应加强对大学生的思想引导，帮助他们树立正确的世界观、人生观和价值观。大学生正处于人生观、价值观形成的关键时期，正确的思想引导对他们的成长至关重要。教育者应关注大学生的心理健康和人际交往等方面的问题，为他们提供全方位的指导和支持。同时，教育者还应引导大学生积极参与社会实践和志愿服务等活动，培养他们的社会责任感和奉献精神。

综上所述，在大学生思想政治教育中坚持政治性的基础上同时发展多样性，是提升教育效果的重要原则。通过深入学习党的理论、路线、方针、政策，更新教育理念和方法，培养大学生的独立思考能力和批判精神，加强对大学生的思想引导等方式，教育者可以更好地实现政治性与多样性的有机统一，提高大学生思想政治教育的质量和效果。

第二节 坚持理论性与实践性相结合，培育正确的精神内核

理论性和实践性是高校思想政治教育的两个重要方面。在"福"文化教育中，二者的结合对于提升大学生思想政治教育的育人效果具有深远意义。理论源自实践，同时又指导实践。"福"文化的价值实现，既需要理论研究的成果作为支撑，又需要"福"文化价值的实践行动来推动。思想是行动的先导，只有在思想上对"福"文化有深入的理性认知，全面、客观地理解"福"文化在我国社会中的现实价值和作用，我们才能真正实现对"福"文化的价值认同，并积极践行。

必须牢牢抓住政治理论学习这一基础，通过持续深入的学习和思考，使"福"文化深入人心，强化对"福"文化的传承和认同。只有当思想清晰，信仰坚定时，我们才能够将党的创新理论有效转化为指导实践的力量，进而促进"福"文化价值在事业发展中的实现。

每一种文化和精神都不是凭空产生的，它们背后都有深厚的理论根基，既是对实践的提炼，也是对实践的生动反映和真实体现。因此，在"福"文化的教育中，既要重视理论学习，也要注重实践应用，确保理论性与实践性相结合，从而培养出既有深厚文化底蕴，又有强烈实践精神的新时代大学生。

一、理论性原则

在大学生思想政治教育领域，理论性原则的重要性尤为显著。思想政治理论不仅为教育活动提供了坚实的理论基础，还为培养大学生的思想观念、价值取向和行为模式提供了科学的指导。尤其是在"福"文化教育中，理论性更是不可或缺的重要属性。

首先，对"福"文化的理论研究是高校思想政治教育者的首要任务。"福"文化作为中华优秀传统文化的重要组成部分，蕴含着丰富的历史底蕴和精神内涵，是中华民族文化多样性的生动体现。通过深入研究"福"文化的历史渊源、发展脉络和基本走向，我们可以深入理解其独特的文化内涵和精神实质，为思想政治教育提供有力的理论支撑。

其次，对"福"文化的理论解读是高校思想政治教育者的重要职责。大学生正处于世界观、人生观和价值观形成的关键时期，正确的思想引导对于他们的成长和发展至关重要。高校思想政治教育者需要用马克思主义的立场、观点和方法来理解和分析"福"文化的内涵和实质，确保教育内容的正确性和科学性。同时，教育者还需要关注时事热点和社会问题，引导大学生正确理解和分析这些问题。通过深入挖掘"福"文化中的积极因素，如奋斗是"福"、和谐是"福"，还有"福"文化中的善良、乐观、包容等，可以引导大学生树立正确的世界观、人生观和价值观。

此外，将"福"文化与社会主义核心价值观相结合是提升大学生理论素养和文化底蕴的有效途径。通过将两者有机融合，可以帮助大学生深入理解社会主义核心价值观的内涵和实质，增强他们的社会责任感和历史使命感。同时，还有助于培养大学生的民族自豪感和文化自信心，使他们更加坚定地热爱祖国和民族文化。

在实践方面，高校思想政治教育者需要注重实践教学，坚持理论联系实际的原则。通过组织大学生参观"福"文化历史遗址、博物馆等，让他们亲身感受"福"文化的独特魅力；通过参与社会实践活动，如志愿服务、社会调查等，使大学生在实践中体会理论的力量，增强他们的社会责任感和奉献精神。

总而言之，理论性在高校思想政治教育中具有至关重要的地位。对"福"文化的理论研究、理论解读，以及"福"文化与社会主义核心价值观的结合等方面是提升大学生理论素养和文化底蕴的有效途径。同时，坚持理论联系实际的原则，注重实践教学也是高校思想政治教育者的重要职责。通过这些措施的实施，可以培养出更多具有坚定信仰、正确价值观和高尚品质的优秀人才，为推动中国特色社会主义事业的发展做出贡献。

二、实践性原则

实践性在高校思想政治教育和"福"文化教育中占据着举足轻重的地位，实践不仅是检验真理的唯一标准，更是让大学生真切感受到"福"文化魅力的关键。首先，高校思想政治教育者需从实践的角度出发，向广大学生深入阐明"福"文化的精神内涵。作为一种独特的地域文化，"福"文化的精神内涵是经过实践检验的精神力量，它体现在中国人民的勤劳、智慧、乐观和包容等品质上，这些品质是他们在长期的生产生活实践中形成并传承下来的。

在实践教学方面，高校思想政治教育者应采取多种措施。首先，结合大学生的年龄特点和接受程度，利用各类资源创造实践教学机会至关重要。例如，组织大学生参观各地的历史文化遗址、博物馆等，让他们亲身感受"福"文化的历史厚重感和独特魅力。这种实地参观的方式能够使大学生直观地了解"福"文化的历史渊源和发展脉络，增强他们的文化认同感和自豪感。

其次，邀请相关领域的专家学者举办讲座或研讨会也是实践教学的一种有效形式。专家学者可以对"福"文化的内涵和价值进行深入解读和探讨，引导大学生更加全面地了解这种文化的精神实质和社会价值。通过与专家学者的交流，大学生能够开阔视野，拓宽思路，更深入地思考和探讨"福"文化的内涵和价值。

此外，鼓励大学生参与和"福"文化相关的社会实践活动也是实践教学的重要环节。例如，"三下乡"社会实践活动、志愿服务、社会调查等，都能让大学生在实践中体验理论的力量。通过这些实践活动，大学生能够深入了解"福"文化在现实生活中的应用和体现，感受其对社会发展的积极推动作用。同时，这些实践活动还能培养大学生的社会责任感和奉献精神，提高他们的实践能力和综合素质。

总而言之，实践性在高校思想政治教育中发挥着不可替代的作用。通过实践教学的方式，大学生能够更深入地了解和体验"福"文化的精神内涵和价值追求，从而能够使大学生具备优秀的品质和健全的人格。同时，实践教学还能提高大学生的实践能力和综合素质，为他们未来的发展奠定坚实的基础。

三、坚持理论性与实践性相结合

在大学生思想政治教育中，坚持理论与实践相结合是提升教育效果的关键。这种结合不仅有助于增强大学生的理论素养，还能培养他们的实践能力，使他们在实践中深刻感受理论的魅力。

首先，深入的理论研究和解读是实践教学的前提和基础。通过对"福"文化的深入研究，高校思想政治教育者能够深刻了解其历史渊源、发展脉络和基本走向，从而挖掘其独特的文化内涵和精神实质。这种深入的理论研究为实践教学提供了坚实的理论支撑和指导，确保了实践教学的正确性和科学性。

其次，实践教学是检验和丰富理论研究成果的重要途径。通过组织大学生参与各种与"福"文化相关的实践活动，让他们在实践中亲身体验和感受"福"文化的魅力，能够加深他们对理论知识的理解，同时也有助于他们发现新问题、提出新观点，为理论研究成果的丰富和发展提供新的思路和方向。

综上所述，将理论性与实践性相结合是提高高校思想政治教育效果的重要途径。通过深入的理论研究和解读为实践教学提供指导和支撑，同时通过实践教学来检验和丰富理论研究成果，使大学生更加深入地理解和接受"福"文化。

为了更好地实现这种结合，高校应当加强师资队伍建设，完善课程体系建设，创新教学方法和手段，并加强实践教学环节的设计和组织。"福"

文化体现了理论与实践的有机统一，其价值实现的关键在于躬身实践、真抓实干。自觉践行是"福"文化践行的终极目的，人们的自觉践行意味着对"福"文化的高度肯定和认可，也是红色文化价值实现的必要条件。

应当立足于当下的岗位实践，高瞻远瞩，将"福"文化的优良传统融入日常工作、学习、生活的方方面面，积极投入工作，勇于担当、敢于创新。要深入挖掘实践的"富矿"，从实践中来，到实践中去，使社会成员在实践中感悟"福"文化的真谛，升华自己的思想境界，真正做到内化于心、外化于行，实现行为认同，以实际行动承担起传承"福"文化的历史责任。

总之，坚持理论与实践相结合是提升高校思想政治教育效果的重要方法。通过加强对"福"文化的理论研究和实践教学，可以使思想政治教育兼具理论高度和历史厚度，培养出更多具有坚定信仰、正确价值观和高尚品质的优秀人才。

第三节　坚持建设性与批判性相结合，淬炼明确的是非观念

一、建设性：以政治性为导向，坚持知识性与价值性的统一

在高校思想政治教育中，宣传"福"文化时，建设性主要体现在以政治性为导向，坚持知识性与价值性的统一。政治性作为高校思想政治教育的核心，要求教育内容紧密贴合党和国家的路线、方针、政策，积极弘扬社会主义核心价值观。在推广"福"文化时，应深入挖掘其中蕴含的爱国

主义、集体主义等核心价值观，帮助大学生树立正确的世界观、人生观和价值观。

知识性是高校思想政治教育的基石，它要求教育内容具有科学性和系统性。在介绍"福"文化时，应全面、准确地阐述其历史渊源、文化内涵和现实意义，使大学生对"福"文化有全面而深入的了解。同时，应注重跨学科的知识整合，形成具有特色的教育内容。

价值性则是高校思想政治教育的灵魂，它强调教育内容应关注大学生的成长需求和价值追求。在推广"福"文化时，应关注大学生的思想动态和价值观形成过程，引导他们将个人价值与社会价值相结合，培养他们的社会责任感和奉献精神。同时，鼓励大学生将"福"文化的精神内涵转化为实际行动，积极参与社会实践和志愿服务等活动。

二、批判性：用"福"文化批判各种错误思潮

将"福"文化融入在高校思想政治教育中时，批判性同样重要。教育者应勇于直面各种错误思潮，引导大学生自觉抵制和批判这些思潮。首先，教育者应深入剖析如历史虚无主义等错误思潮的本质和危害，通过课堂讲解、专题讨论等形式，提高大学生对错误思潮的辨识能力和批判意识。同时，引导大学生以客观、全面的态度看待历史事件和人物，树立正确的历史观和民族观。

其次，教育者应积极挖掘"福"文化中的德育资源，如知福、积福、惜福、造福等优秀品质，这些品质对于培养大学生的道德素养和人格魅力具有重要意义。教育者应将这些品质融入教育内容中，帮助大学生树立正

确的道德观念和价值追求。

最后，教育者应加强与大学生之间的互动和交流。通过课堂互动、座谈会等形式，了解大学生的思想动态和困惑，及时发现并纠正其错误的观念和行为。同时，鼓励大学生积极参与社会实践和志愿服务等活动，将理论知识与实践相结合，增强他们的社会责任感和奉献精神。

三、坚持建设性与批判性相结合

建设与批判的关系，实质上是破旧与立新的关系。建设是建立与创新，批判即揭露与破除。两者在"福"文化融入大学生思想政治教育中均不可或缺。关键在于如何正确理解和处理这两者的关系。正如古语所言，"不破不立"。立基于破，破是立的前提和基础，而立则是破的目的和归宿。任何新事物的建立，都源于对旧有事物的摒弃，没有破就没有立，往往是先破而后立，或在破的过程中实现立。然而，若仅有破旧而无新可立，则并非真正的破。有时是先立后破，或在立中破，从这个角度看，立也是破的前提和条件。在将"福"文化融入大学生思想政治教育时，必须妥善处理建设与批判的关系，坚持建设与批判相结合的原则，并着重于建设，实现立破并举。

首先，要坚定立场，保持清醒的头脑，对错误思潮进行坚决的批判和斗争。"福"文化代表着追求幸福生活的理想信念、价值追求和精神品格。在新时代文化交流融合的背景下，各种思潮层出不穷，我们必须敢于、善于同错误思潮进行坚决斗争，旗帜鲜明地予以抵制和回击，以消除其带来的危害。

其次，要紧密结合现实，有效应对"福"文化融入大学生思想政治教育过程中出现的各种问题，如信仰缺失、精神迷茫等。党和国家应大力弘扬"福"文化，增强文化自信，坚决清除这些错误思潮对大学生造成的不良影响。同时，要认清错误思潮与中间地带思潮的本质区别。党应坚持以正能量价值引领中间地带文化，制定政策法律，规范文化发展方向，推动中间地带文化成为"福"文化传统、"福"文化理想、"福"文化信念、"福"文化价值的积极传播者和倡导者。

最后，"福"文化在新时代应善于自我建设，进行概念上的提升。在融入大学生思想政治教育的过程中，我们应围绕出现的问题提炼出"福"文化品牌等标识性概念，面向不同群体，创造出既有质量又有水平、既有深度又有高度、既生动又具体的新概念、新范畴和新表达，以增强各群体对"福"文化的接纳与认同。我们要坚持捍卫红色"福"文化精神的价值，培育具有时代特色的"福"文化精神。通过建立健全法治机制，提高人们的认知，规范人们的行为，为"福"文化遗存提供法治化的保护，也为"福"文化融入大学生思想政治教育提供坚实的保障。

第四节　坚持主导性与主体性相结合，构筑精确的育人模式

在大学生思想政治教育中，教育者与大学生之间的关系是动态发展、交互影响的。这个过程不仅强调双方的互动及参与，更注重各自角色的转换与配合。其中，"以学生为主体、以教师为主导"的原则尤为重要。

一、发挥教育者的主导作用

第一，思想政治教育者应以身作则，成为"福"文化的践行者和传播者。教师作为大学生思想政治教育的主导者，应以自身的行为示范，传递"福"文化的价值观和精神内涵。这要求教师不仅在课堂中传授知识，更要在日常生活中展现出高尚的道德品质和文化素养，成为大学生的楷模和榜样。

第二，思想政治教育者应发挥"福"文化的价值引领作用。教师需要深刻把握"福"文化的核心价值，引导学生深入理解这些价值观念，培养他们的文化自觉和文化自信。要引导大学生领会"福"文化中的爱国主义精神、团结协作精神、诚实守信等核心价值观，促进大学生形成良好的道德品质和积极的行为习惯。

第三，思想政治教育者应创新教学方式，将"福"文化与现代教学手段相结合。教师需要运用现代教学手段，通过丰富的影像资料、生动的历史故事等，将"福"文化融入课堂教学。同时，可以组织学生开展文化讲座、文化交流等活动，让学生在互动中感受"福"文化的魅力，增强文化认同感。

第四，思想政治教育者还应注重"福"文化的实践教育。教师应当引导学生在实践中体验和感悟"福"文化，通过社会实践、志愿服务等方式，让学生在亲身参与中感受"福"文化的价值。

第五，思想政治教育者应关注学生的个体差异，尊重学生的主体地位。在融入"福"文化的过程中，教师应关注学生的个性特点、兴趣爱好和认知水平，根据学生的实际情况进行教学设计。同时，教师应尊重学生的主体地位，鼓励学生自主探究和学习"福"文化，激发他们的学习热情和创新精神。

总而言之，在"福"文化融入大学生思想政治教育的过程中，教师的主导作用至关重要。通过以身作则、发挥价值引领作用、创新教学方式、注重实践教育并关注学生个体差异，教师能够有效地将"福"文化的精髓传递给大学生，培养他们的文化素养和思想道德品质。这不仅有助于提升大学生的综合素质，也有利于传承和弘扬"福"文化，推动其繁荣发展。

二、学生的主体性

在"福"文化融入大学生思想政治教育的过程中，学生的主体性原则至关重要。这一原则强调了要尊重大学生的主体地位，发挥大学生的主观能动性，以促进大学生的自我教育和发展。

首先，教师应始终尊重大学生的主体地位。在"福"文化融入高校思想政治教育的过程中，教师应关注大学生的成长需求和学习兴趣，尊重他们的个性特点和认知水平。通过引导大学生主动参与教学过程，激发他们的主观能动性，使他们在"福"文化的熏陶中实现自我成长和自我完善。

其次，教师应充分激发大学生的自我教育意识。自我教育是主体性教育的重要一环，教师可以通过多种方式引导大学生自觉接受"福"文化的教育。例如，鼓励大学生自主学习、自主探究，培养他们的独立思考能力和解决问题的能力，从而让他们在自我教育中实现"福"文化的内化。

再次，教师应注重大学生的实践体验。实践是理解和内化"福"文化的重要途径，教师应当设计丰富多彩的实践活动，让大学生在实践中感受"福"文化的魅力，深化对"福"文化的理解和认同。

最后，教师应关注学生的反馈和评价。学生的反馈是改进教学的重要依据，教师应与学生保持互动，及时了解学生对"福"文化的认知情况和接受程度，发现问题并及时调整教学策略，以提高教学质量和效果。

三、主导性与主体性相结合

在"福"文化融入大学生思想政治教育的过程中，教师应发挥主导作用，同时尊重并发挥学生的主体性。

第一，教师在教学内容设计、教学环节安排和教学方法选择上要发挥主导作用。深入研究"福"文化的内涵和价值，将其与思想政治教育有机融合，形成系统的教学内容。采用灵活多变、富有启发性的教学方法，激发学生的学习兴趣和参与热情。

第二，教师应有效引导学生参与教学过程。针对单向灌输和探究型问题，教师应培养学生的自主学习能力，让他们从被动学习转变为主动学习。通过设置问题情境、组织讨论、提供学习资源等方式，激发学生的思考和探索欲望。

第三，在教学过程中，教师应尊重学生的主体性。学生不仅是教育的接受者，更是教育的参与者。教师应选择符合学生兴趣和需求的教学活动与教育模式，以调动学生的积极性、主动性，充分发挥他们的主体作用。

第四，通过教师的引导和学生的参与，可以实现教与学的角色转换，使学习过程更加生动有趣。在这种教学模式下，大学生不仅能够深入理解"福"文化的内涵和价值，还能够利用其指导自己的行为，从而更好地实现思想政治教育的目标。

综上所述，"福"文化融入大学生思想政治教育的过程是一个教师主导和学生主体相结合的过程。教师应在充分发挥主导作用的同时，尊重并发挥学生的主体性，以实现教育的最佳效果。

第七章 "福"文化融入高校思想政治教育的实践路径

从"知福、惜福、积福、修福、培福、造福"等"福"文化精髓中深挖思政元素，凝练德育精神，可以从砥砺爱国情怀、坚定理想信念、锤炼品德修为、弘扬奋斗精神等方面，挖掘福建"福"文化与高校思政教育的耦合点。通过民俗典故培根启智，以道德内涵润心铸魂，构造独具特色的思政教育风格，强化文化育人的影响力、渗透力和亲和力。

第一节 立足日常，探索"浸润式"育人途径

一、仪式教育：紧抓重要节点，举办主题活动，强化文化育人影响力

中华传统节日是"福"文化的重要载体，其承载的丰富文化内涵是"福"文化的重要组成部分。自中共中央、国务院全面实施"中华传统节日振兴工程"以来，春节、元宵节、清明节、端午节、中秋节、重阳节等

与"福"文化密切相关的传统节日被赋予了更加丰富的时代文化内涵,推进"福"文化进教材、进课堂、进头脑、进校园的步伐愈发坚定。然而,目前这些传统节日中蕴含的"福"文化资源尚未得到充分挖掘。

在全国各地逐渐兴起的地方特色文化旅游节、非物质文化遗产节、地方特色民俗纪念日、民间艺术节等活动,是新时代大学生了解、传承中华优秀传统文化的重要形式,其中同样蕴含着丰富的"福"文化资源。然而,这些"节日"作为弘扬"福"文化的新兴渠道,尚未被各大高校灵活运用于"福"文化的传播中。因此,高校应充分利用这些新兴渠道,通过举办相关主题活动,让学生在亲身体验中感受"福"文化的魅力,从而深化对"福"文化的理解和认同。

(一)紧扣传统节日,以创新激活"福"文化生命力

首先,高校应充分把握重要时间节点,积极开展"福"文化主题宣传活动。深入挖掘传统节日中蕴含的"福"文化因子,例如,在元宵节、中秋节等节日,结合线上和线下的形式举办"传统节日里的'福'文化"系列活动。邀请相关专家、学者为大学生讲解传统节日的由来、习俗演进及其中所蕴含的"福"文化相关知识,以此激发大学生学习"福"文化的热情。参考福建教育出版社与福州八中合作的"八闽福韵,逐梦未来""福"文化主题宣讲活动,高校可邀请"福"文化专家为学生详细讲解"福"文化的定义、历史渊源及当代价值,通过实例激发学生自觉探索"福"文化的兴趣,并引导更多大学生传承"福"文化,扩大其影响力。

其次,新媒体、新技术和新手段在传播"福"文化方面发挥着重要作

用。例如，福建省委宣传部在腊月二十八纳福之日联合多部门推出的"山海福地·福气来——2023 福建新春福气夜"晚会，将传统"福"文化民俗与现代科技融合，展示了"福"文化的多重内涵。高校应鼓励大学生利用微信公众号、抖音等平台，结合短视频、情景剧、微电影等形式，将春节、元宵节等传统节日中的"福"文化元素融入作品，运用 AI、特效等新技术为传统民俗注入新活力，让"福"文化以更潮流、更生动的形式展现出来。

最后，在传统节日期间，高校可举办"'福'文化主题观影会"，组织大学生观看与"福"文化相关的优质影视作品和短视频。这不仅可以加深大学生对"福"文化的了解，还能增强他们对"福"文化的认同感。同时，搭建交流研讨网络平台，鼓励大学生分享观影心得和感受，进一步推动"福"文化的传承与发展。

（二）紧抓文旅资源，以特色彰显"福"文化吸引力

各高校应充分利用各地区独特的非物质文化遗产、古建筑、民俗体验馆、传统手工艺品、文化园区等文旅资源，在文化旅游节、非物质文化节等重大节庆活动中，邀请非遗传承人、歌舞团、艺术团进校园。通过非遗展演、舞台剧等极具冲击力的活动表演，展示"剪瓷雕""舞狮""线狮""木版年画"等"福"文化非遗技艺，重现"妈祖""保生大帝"等"福神"传说。

首先，高校应加强与文旅部门的合作，以地方、少数民族特色纪念日等重要节点为契机，携手举办"我们的'福'文化节日""福籽同心爱中

华"等校园"福"文化品牌系列活动。打造地方特色"福"文化校园名片，挖掘中华民族大家庭不同的风俗习惯、礼仪、传统体育和游艺，联动地方民俗文化旅游节，紧抓如"三月三"等少数民族的重大节日，采用"线上＋线下"互动模式，开办民族风情"福"文化展区，展示中华民族各少数民族特色"福"文化舞蹈、服装、饰品、美食等。近年来，福州大学、龙岩学院、福建商学院、漳州职业技术学院等众多高校积极策划并开展了一系列以"福籽同心爱中华"为主题的校园文化活动。这些活动涵盖主题月、创意海报设计、主题宣讲等多个方面，共同构成了独具特色的校园"福"文化品牌。通过精心打造的福籽广场和福籽家园等文化园地，学生得以身临其境地体验中华民族多元文化的独特魅力，以及丰富多彩的地方传统习俗和游艺活动。这些活动不仅使大学生深切感受到不同地区民俗文化的深厚底蕴，更激发了他们对中华各民族所特有的"福"文化节日的尊重与热爱。通过这种全方位、多角度的文化体验，大学生能够从更广阔的视角解读"福"文化的深刻内涵，进一步加深对"福"文化的理解，筑牢中华民族共同体意识。其中，福州大学举办的"福籽同心爱中华"海报设计活动，不仅是一次具有深远意义的教育实践，更是对中华民族多元一体文化的深刻理解和尊重的体现。学生们通过深入研究、广泛交流，深入挖掘中华民族共同体意识的丰富内涵，并以海报这一视觉艺术形式为载体，展现了各民族间的深厚情谊和共同愿景。他们的作品不仅体现了对传统文化的传承与创新，更展现了对现代社会的深刻洞察和人文关怀。此次活动的成功举办，不仅增强了学生的民族团结意识，还激发了他们对中华文化的热爱和民族自豪感。同时，活动为学生们提供了一个展示自我、锻炼能力的平台，让他们在参与中不断成长、不断进步。此外，通过"福籽同心爱中华"海报设计活动，福州大学成功搭建了一个促进各民族学生交流、沟通的桥梁，为构建和谐校园环境、促进民族团结进步注入了新的活力。这一活动不仅丰富了校园文化生活，也为推动民族工作高质量发展、实现中华民族伟大复兴的中国梦贡献了青春智慧和力量。展望未来，我们期待更多类似的活动能够不断涌现，继续深化民族团结进步教育，凝聚各族青年的智慧和力量，为实现中华民族伟大复兴贡献青春、智慧和力量。

其次，鼓励大学生走出校园，成为"福"文化的推介者。例如，福州大学利用自身地域优势，举办"福见"——新生"福"文化探寻活动，号召来自五湖四海的学生在有"福"之州踏上寻"福"之路。让大学生选择自己喜爱的方式探寻身边的"福"文化，寻找身边的"福"元素。通过在三坊七巷历史文化街区、福州非物质文化遗产展示馆、"福"文化主题街区等"福"文化特色街区、景点拍照打卡，让大学生与非遗、古建筑零距离接触，亲口品尝"佛跳墙""鱼燕"等"福"文化 IP 专属美食，深刻感受"福"文化的魅力。在"寻福""赏福""品福"的过程中激发大学生对"福"文化的情感共鸣，从"福"文化形式多样的载体中感受其丰厚底蕴，引导学生积极投身到传承和弘扬"福"文化中来。

最后，鼓励大学生通过寒暑假"三下乡"社会实践活动，了解各地非遗传统体育和游艺，体验妈祖祭典、拜天公、逛庙会等包含了祈福文化的少数民族或地区所特有的纪念活动，做"福"文化的继承者。如福建泉州、漳州等地高校充分结合地方传统习俗与非遗资源，推出"福见"非遗游艺社会实践活动。通过让大学生参与闽南闹元宵等风俗活动，在实践中感知八闽人民对幸福生活的向往和追求，感受传统体育和游艺中的"福"

文化，探寻"福"文化的独特精神内涵。这不仅增强了大学生的参与感、获得感、认同感，还让他们在潜移默化中接受"福"文化的熏陶，坚定文化自信。

二、环境教育：加强文化熏陶，打造校园环境，加强文化育人渗透力

"福"文化以其浸润无声、感染力强、适用面广等育人特点，在校园教育中发挥着独特作用。校园文化以校园为主要空间，以大学生为培育对象，以育人为核心目标，同时围绕办学特色和专业特点，涵盖了精神文化、制度文化、行为文化、环境文化等多方面内容。这种文化能够对大学生的思想观念、道德情操、理想信念、价值观念和行为习惯产生潜移默化且深远的影响。

将"福"文化融入校园文化，打造富含"福"文化元素的校园环境，能够最大限度地发挥"福"文化的育人优势和渗透作用。构建能够"说话"的"福"文化环境，是促进"福"文化融入大学生思想政治教育的有效途径。

（一）要深化"校风"建设，让"福"文化看得见

其一，要将"福"文化融入校园制度文化中。建设校园"福"文化制度文化环境是规范"福"文化融入校园环境相关内容的重要措施，旨在培育大学生"福"文化思维意识，使大学生养成自觉践行"福"文化的良好

行为习惯，助力"福"文化融入大学生思想政治教育。健全校园"福"文化制度可以进一步发挥"福"文化的思想政治教育功能，达到利用校园文化环境育人的目的。因此，各高校应结合自身办学特色、专业特点，明确规定"福"文化融入校园文化建设的内容、地位及要求，确保"福"文化融入校园文化的针对性和有效性。在管理规定、教育活动及章程规范中应体现"福"文化特色，使全体师生更加重视并严肃、认真地对待"福"文化，从而提升"福"文化的影响力。

其二，要将"福"文化融入校园物质文化建设中。以校园各类文化产物为载体，体现"福"文化"知福、惜福"的精髓，彰显"福"文化修身正己的道德幸福观，营造浓郁的"福"文化教育氛围。例如，可以在校园固定建筑的装扮中融入"福"文化元素，如使用"福"文化元素命名的教学楼、校道、宿舍区域，打造丰富多样的"福"文化场域。同时，在教学楼、图书馆、运动场等区域，充分利用黑板报、宣传栏、广告牌、校园广播等渠道，展示蕴含"福"文化相关的优秀作品，积极宣传"福"文化独特的精神内涵和丰富多样的载体。校园景观也应注重彰显"福"文化的人文底蕴，巧妙增加"福"文化元素，如在假山、景观石上篆刻与"福"文化相关的祝福语、诗词、熟语、习俗等内容，增设一系列与"福"文化相关的人文景观，如"福"字立牌、与"福"文化相关的著名书画作品、手工艺品的复刻品，以及与"福"文化相关的民俗活动等比例仿真塑像、石雕等。在宿舍区域，可以在楼道、走廊张贴"福"文化极具代表性的文学作品、艺术作品、民俗典故等，如"压岁钱、吃福橘、拜天公"等民俗的由来及其蕴含的"福"文化寓意。这样既能丰富校园文化景观，美化校园环境，又能在潜移默化中使大学生接受"福"文化的熏陶，充分发挥

"福"文化"树人"的优势，达到实用、审美和育人功能的高度统一。

其三，各高校要健全"福"文化资源库，并与其他高校携手共建"福"文化"校园网"。各地方高校应结合地方民俗文化，建设"福"文化特色民俗文化展陈馆，展示"福"文化实物作品或以卡通动漫的形式呈现"福"文化。以各地方高校"福"文化资源展陈馆为节点，串联八闽各地"福"文化资源，形成"福"文化"校园网"，实现"福"文化资源共享。通过借鉴其他学校建设"福"文化校园环境的成功做法，分享自身的成功经验，有效挖掘和弘扬"福"文化资源，促进育人实效的提升。同时，鼓励大学生跨校、跨地区参观"福"文化资源展陈馆，感受各高校特色"福"文化校园环境，这样既能丰富各高校的"福"文化资源储备，又能使大学生体验不同高校所展现出的形式多样的"福"文化。

（二）要深耕"教风"建设，让"福"文化传得准

高校教师应结合各校办学特色、教学理念和专业特点，立足"福"文化，创新教学内容。一方面，思想政治教育理论课教师应将"福"文化融入理论教学，深入挖掘并融入相应的"福"文化精髓。另一方面，专业课教师在授课时，应依据教学内容和课程思政需要，精选相关内容，将"福"文化融入专业课教材和教案中，以"福"文化创新教学内容，激发大学生的学习兴趣，利用"福"文化所蕴含的思想政治教育价值推进课程思政建设，为构建以"福"文化为核心的大学生思想政治教育教学情境奠定坚实基础。此外，高校教师还需将"福"文化融入教学活动中，不仅要在课堂教学中使用包含"福"文化的教材，还要在课后引导大学生通过参

与"福"文化民俗活动、体验馆等实践活动，深化对"福"文化的理解和认同，推动"福"文化资源与大学生思想政治教育教学工作的深度融合，鼓励大学生通过实践活动巩固所学，让"福"文化真正入脑入心，营造浓厚的"福"文化教学氛围。

（三）要瞄准"学风"建设，让"福"文化记得牢

一方面，应将"福"文化融入丰富多彩的校园文化活动中。通过开展"福"文化主题讲座、知识竞赛、征文比赛等，激发大学生学习"福"文化的热情，促使大学生在竞赛中传承并发展"福"文化。例如，鼓励大学生参与"福"文化主题知识竞赛，既能助力大学生掌握"福"文化的相关知识，又能提升"福"文化的知名度。同时，将"福"文化融入党团主题活动、志愿活动、社团活动、创新创业等实践活动中，开展读书会、社会实践活动等，弘扬和践行"福"文化"奋斗是福、吃苦是福、奉献是福"的精神，实现理论学习和社会实践的有机结合。例如，举办"福"文化主题创新创业类竞赛，大学生在创新创业实践中践行"福"文化精神，或在文化创意作品中融入"福"文化元素，均能促进"福"文化的创造性转化与创新性发展。

另一方面，在信息技术时代，网络平台为"福"文化的宣传提供了新途径，同时也带来了一系列挑战。由思想政治教育理论课教师担任学生社团的指导老师，指导学生充分利用微信公众号、易班等平台，开设"福"文化专栏，开展"福"文化传播和教育活动，建设"福"文化网站，推送"福"文化内容。这样，新时代的大学生能够随时随地接受"福"文化的

熏陶。同时，教师要严格把控推送内容的质量，防止内容浅薄或存在不良导向，及时调整、遏制因缺乏正确价值观引导造成的网络乱象，肃清网络舆论环境，营造清朗的学习"福"文化的网络氛围，确保"福"文化能够深入、有效地融入大学生思想政治教育的全过程。

三、朋辈教育：汇聚同窗力量，组建导生队伍，形成文化育人辅助力

构建大学生思想政治朋辈教育体系，是大学生思想政治教育工作中独具特色的有效方法。要坚持榜样教育，因为榜样的力量是无穷的，要善于抓典型，让典型引路和发挥示范作用。在朋辈教育实践中，不仅要树立一批优秀的朋辈典型作为思想政治教育的教育者，还要深入挖掘这些典型所蕴含的"福"文化中具有普遍价值的精神。更为关键的是，应从这些优秀的朋辈中选拔出具有较高思想政治素质、道德品质及"福"文化修养的核心人物，担任管理者角色。这些朋辈核心人物将充分发挥示范引领作用，以他们的实际行动和影响力，推动"福"文化深入大学生思想政治教育的各个环节，为构建"大思政"育人格局贡献青春力量。

（一）瞄准朋辈模范作用，建设以文育人"孵化器"

其一，朋辈教育队伍的建设需以思想政治教育相关理论为指导，明确建设目标、思路及实施措施。鉴于大学生接受思想政治理论教育的时间尚短，学习广度和深度不足，应依托学生党支部组织，吸纳朋辈辅导员、专任教师党员，成立朋辈教师辅导工作室，明确朋辈教育工作的方向，引导

政治理论学习深度开展。辅导员和专任教师党员作为大学生思想政治教育的引领者，应负责朋辈教育者的日常培训工作，通过多层次、系统化的专业思想政治教育主题培训，帮助大学生朋辈教育者、管理者深入理解马克思主义理论知识、党中央文件精神，科学制订教学计划和活动方案。同时，可吸纳优秀校友党员、共建企业党员等作为管理队伍的领头人，共同制定朋辈教育的选拔、培训、评估制度，强化高校育人队伍及大学生对朋辈教育的价值认同。这些思政工作者担任指导老师并制定相关制度，能够确保朋辈教育工作的质量，使朋辈教育体系有效运行。如合肥工业大学通过制定《大学生朋辈学校学员学习纪律》《大学生朋辈学校考评办法》等规章制度，明确了朋辈教育的规划、甄选标准及培训内容，使朋辈教育队伍建设更具科学性和针对性。

其二，在建立朋辈教师工作室的基础上，依托学生党支部、学生部门、社团、班委等，选拔综合素质高、思想政治理论基础扎实、乐于奉献的大学生党员，成立大学生思想政治教育朋辈学习示范基地和朋辈工作室，打造朋辈示范体系的中坚力量，构建朋辈能量储备库，为大学生朋辈思想政治理论学习提供坚实支撑。朋辈教师辅导工作室应对进入示范基地的大学生进行专业培训与指导，制订个性化计划，培育一批具备思想政治道德素养的优秀大学生模范。通过笔试和工作试用进行评估、筛选，选拔成绩优异者担任朋辈教育者或管理者，分别负责宣传、推介或组织活动等工作，形成全员、全过程的朋辈教育运行体系。例如，可求助于思政部、办公室、统筹部等管理部门，利用"福"文化节日等特殊时间节点，申请经费资助、场地援助及专家支持，举办如"我们的'福'文化节日"等生动的第二课堂活动。大学生朋辈工作室应利用

"福"文化蕴含的积极价值观、人生观、幸福观等，传播正能量，厚植大学生的爱国主义情怀，构建高校、教师、朋辈"三位一体"的文化育人体系，形成育人合力。同时，大学生对结合"福"文化的思想政治教育内容接受度更高，可组建习近平新时代中国特色社会主义思想学习小组、读书社等社团，利用"福"文化开展思想政治教育，提高大学生学习的主动性和积极性，增强思想政治教育的育人效果。例如，福建师范大学心理学院学生会在大学生心理健康教育工作方面取得了显著的成功经验。他们积极拓展线上和线下两个心理健康互助平台，成功构建了服务学生的有效机制。在线上，他们招募志愿者驻守心理支持热线，并利用微信公众号等新媒体平台定期发布心理科学知识，为广大学生提供及时的心理咨询与科普服务。在线下，他们与校内外心理咨询中心紧密合作，为学生提供面对面的心理咨询与帮扶服务。同时，心理学院学生会依托朋辈心理辅导员、心理兼职辅导员及班级、宿舍心理健康宣传信息员这三支心理健康支援队伍，形成了服务学生的核心力量。这些队伍面向全校学生，不仅为其提供专业的心理辅导服务，还严格执行定期心理班会、心理健康周报及"一对一"朋辈帮扶常态化工作机制，确保学生心理健康工作的有效进行。为了帮助学生获得心理健康，心理学院学生会精心组织了团体型、趣味型、倾诉型、专业型四类心理健康成长活动。这些活动不仅注重心理健康知识的普及与宣传，还强调学生的参与与体验，让学生在轻松愉快的氛围中提升心理健康能力。福建师范大学心理学院学生会的成功经验在于他们构建的"12345"立体式大学生心理健康朋辈互助模式。这一模式既体现了学院的专业特色，又形成了学校心理健康教育活动的品牌，具有校际推广性、可持续性和可复制性。他们通过精心策划和实施各项活动，有效提升了学生的心理健康，促进了学生心理健康素质与思想道德素质、科学文化素质、心理学专业素养的协调发展。同时，他们还将专业实践与服务实践相结合，让学生在实践中锻炼和提升专业技能，实现了"助人自助"的目标。这些成功经验对于其他高校开展大学生心理健康教育工作具有重要的借鉴意义。

其三，要善于利用新媒体、新技术，组建新媒体中心。在互联网时代，大学生更偏爱内容精炼、形式新颖的短视频、动漫等。相较于高校思政工作者和新媒体工作者，朋辈大学生更能把握当代大学生的关注焦点，也更擅长运用大学生喜爱的传播形式和语言，提炼具有吸引力和特点的传播内容。应充分利用朋辈教育的这一优势，培养掌握新技术、新手段的朋辈新媒体工作者，组建新媒体中心，收集优秀大学生事迹、模范故事作为案例资源，进一步发挥朋辈大学生的榜样作用。可根据不同年级学生所面临的主要问题和学习任务选取合适的教育主题，结合"福"文化制作相关的短视频、漫画、动漫等，并通过抖音、快手、微信视频号、微信公众号等大学生热衷的平台进行推广。如针对新生群体，以"大一，新起点"为主题，推介相关朋辈榜样故事，引导新生树立远大理想，培养良好的学习态度，更好地应对学习、生活中的挑战。

（二）把握朋辈干预作用，构建以文化人"朋友圈"

其一，依托示范基地，选拔优秀朋辈组成思想政治教育宣讲团。新时代大学生视野开阔、思维敏捷，善于接纳新事物，对中国化、时代化的马克思主义既有困惑也有期待。大学生宣讲团作为开展思想政治教育理论宣讲的重要载体，应在朋辈教师辅导工作室的指导下，围绕党的创新理论成果，培养一批善于思考、勇于创新的大学生。借助"福"文化开展宣讲工作，推动思政课与宣讲团的深度融合，充分发挥教育教学传播的主导作用。通过系统化的理论学习，加深对大学生思想政治教育的理解和挖掘，有效延伸课外育人实效。宣讲过程中，要紧密结合时事热点，及时更新宣讲内容，以党中央的最新文件精神和政策为导向，确保宣讲内容的时效性和准确性。同时，宣讲团应借鉴成功经验，如福州职业技术学院"红心"宣讲团，组织前往古建筑、民俗馆等地进行参观学习，加强调查研究，提高宣讲团的整体素质和能力。结合"福"文化，通过社会实践、志愿服务等形式，深入社区、街道开展宣讲活动，如组织"福"文化诗歌比赛等，以实践育人，让宣讲团在实践中增强对"福"文化的学习和运用，提升以文化人的育人本领。此外，宣讲团可采取"菜单点菜式"宣讲模式，制作"宣讲菜单"，打造精品宣讲展演，强化示范效果，使宣讲内容更加贴近大学生需求，提高宣讲效果。

其二，紧扣两个朋辈工作室及宣讲团，建立"n+n+1"朋辈导师制度。鉴于大学生在学习政治理论过程中可能因学习能力、理解能力和知识储备等差异，导致学习成效参差不齐。为解决这一问题，应充分利用示范基地的朋辈能量储备库，组建朋辈导师队伍，实施"n+n+1"朋辈导师制度。即为每位大学生配备一名或多名教师辅导工作室教师和朋辈工作室的优秀学员，量身打造帮扶计划，解决学生学习中的困难和疑惑。例如，当大学生对政治理论学习存在困惑时，学习小组组长及宣讲团成员应及时收集反馈，并向两个工作室寻求帮助。工作室根据大学生的具体情况，指派数名朋辈导师，制订个性化的帮扶计划。在此过程中，优秀学员可借助"福"文化所蕴含的思政资源，帮助大学生理解政治理论，将理论与实际相结合，实现知识的有效传递。这种朋辈导师制度不仅能促进大学生之间互相学习、互相帮助，还能提升大学生的自我学习能力和解决问题的能力，形成积极向上的学习氛围，实现朋辈育人的良好效果。例如，福州外语外贸学院在育人模式上进行了创新，成功推出了"朋辈引航"育人项目，该项目包含学业帮扶团、CET 互助团、赛事争先团、技能提升团等模块。该项目通过搭建朋辈教育工坊并成立朋辈导师团，构建了以学院为引导、以朋辈导师团为核心的教育模式。该项目坚持朋辈教育的点面结合，有效构筑了身边的朋辈教育阵地，显著扩大了朋辈教育的覆盖面。在"朋辈引航"项目的实施过程中，福州外语外贸学院成功引导学生从知识的"被动接受者"转变为学习的"主动参与者"。通过将传统的"教师—学生"教育模式与"学生—学生"教育模式相结合，学院进一步突出了学生的主体意识，并构建了课内外联动的教育机制。这一模式不仅提高了学生的学习积极性和自主学习能力，还促进了学生之间的交流与互动。朋辈教育的优势和朋辈榜样的示范作用得到了充分发挥。在朋辈导师的引导和帮助下，学生们在学业、生活、职业规划等方面得到了更加具体、实用的指导。这种教育模式强化了思想引领，推动了学院"三全育人"工作新格局的形成，为学风建设注入了新的活力。这一模式值得其他高校借鉴和学习，共同探索更有效的"福"文化育人途径。

四、网络教育：抢占网络阵地，拓展传播平台，提升文化育人传播力

新时代的大学生被誉为"网络原住民"，他们熟练使用各种网络软件等新媒体工具获取信息，是真正的"流量一代"。为了将"福"文化融入大学生思想政治教育，我们必须立足大学生视角，以新媒体为核心，提升科技含量，发挥数字媒介优势，抢占网络这一大学生思想政治教育的重要阵地。以"'福'文化＋互联网"的新形式促进"福"文化的传承，通过大学生喜闻乐见的形式为大学生思想政治教育注入"新意"，增强趣味性和新颖性，进一步拓展传播渠道，深化"福"文化的传播与宣传工作，持续地将"福"文化融入大学生思想政治教育，从而改变大学生认为思想政治教育枯燥无味的刻板印象。

（一）各高校应创新网络产品，优化传播内容，抢占网络育人"话语权"

近年来，在互联网的推动下，中华优秀传统文化以数字产品的形式重现，迅速占领了知乎、小红书等新媒体宣传阵地，激发了更多青年大学生关注传统文化、守护中华文脉的热情。然而，互联网海量碎片化的信息不断冲击着主流意识形态，给高校意识形态领域带来巨大挑战。新媒体平台的开放性导致其内容良莠不齐，甚至存在虚假信息和错误思潮，不断侵蚀大学生的思想意识，影响思想政治教育对大学生价值观、世界观的塑造。

而"福"文化作为中华优秀传统文化的精髓，其蕴含的丰富哲学思想、人文精神和道德理念可以有效弥补互联网传播过度娱乐化、碎片化、庸俗化的不足。

因此，我们要推动"福"文化网络产品的大众化、通俗化，深入挖掘其文化魅力和当代价值，以满足大学生思想政治教育的需求和现实需要。通过"福"文化净化网络舆论环境，在网络中占据"一席之地"。可以在小红书、贴吧、知乎、微博等互联网平台上主动抛出各类话题、议题，引导大学生通过各类新媒体参与话题讨论、交流，并通过大数据研判其中讨论热度最高的话题，针对热点话题及时推介相关内容，传递"福"文化所蕴含的正能量，为大学生提供有营养、有质量的精神食粮，积极引导网络舆论走向。

例如，可以挑选网络呼声最高的话题和内容，借鉴学生喜闻乐见的拍摄风格、手法进行拍摄，充分发挥大学生的自我创作优势，赋予"福"文化新的时代内涵和现代表现形式，推出更多有亮点、有温度、有深度、有高度的精品力作。通过重现"福"文化美食的制作过程、讲述"福"文化传说故事等，使"福"文化以全新姿态面对大众，并通过抖音、易班、微博、小红书、"学习强国"学习平台、知乎、各大高校公众号等新媒体广泛传播，吸引大学生的注意力，让"福"文化深入更多青年大学生的心中。这样既能提高大学生自觉学习和传承"福"文化的积极性，又能增进他们对"福"文化的文化认同，助力他们更好地坚定文化自信。

（二）要联合各类网络平台，构建"福"文化传播矩阵，拓宽网络传播覆盖面

新媒体的及时性、灵活性、交互性等特点突破了传统传播形式的时空限制。当代大学生的学习生活习惯、思维方式深受新媒体的影响。因此，我们应充分发挥"学习强国"、学习公社、学习通、慕课等主流学习平台的专题学习和教育优势，同时利用抖音、快手、微博、微信等宣传、社交软件平台的互动性，整合、优化各类新媒体平台，实现"福"文化在学习、社交平台的全覆盖，拉近大学生与"福"文化的距离。

其一，要开辟"福"文化学习的网络阵地，积极打造"福"文化学习"e起来""微充电"等学习、研究计划。高校应善用慕课、"学习强国"、学习公社、腾讯课堂等网络学习平台，创新"福"文化教学的多种形式，利用这些平台丰富的"福"文化视频、音频、图像等资源，深化大学生对"福"文化的认识，增强其对"福"文化深厚内涵的体悟。同时，鼓励思想政治理论课教师和大学生共同研发与"福"文化有关的学习软件，开发相关网络课程，进一步促进"福"文化与大学生思想政治教育的有机融合。例如，教师可以指导大学生创作富有娱乐性、科普性的"福"文化教育微视频、微图片等教学微内容，并发布至学习通、智慧树、U校园、知到等教学软件中，通过大学生喜闻乐见的方式加强师生互动，全面巩固大学生所学知识，进一步扩大"福"文化的传播范围，实现显性教育和隐性教育的统一，为大学生思想政治教育增添新

动力。

其二，要加大"福"文化在社交、娱乐平台的宣传力度，充分释放小红书、微信、抖音、快手、微博等新兴社交软件与宣传平台在传播方面的强劲动能。我们应持续开发微信公众号、剪映、哔哩哔哩等平台的宣传功能，通过 VR、AR 等新技术，将"福"文化非物质文化遗产、著作、相关景区等"福"文化资源融入平台。借助新媒体社交、宣传平台扩大"福"文化的传播范围，利用新颖的传播内容提升大学生的学习兴趣，提高"福"文化的传播效果。例如，我们可以参考《国家记忆》等栏目形式，吸收《中国诗词大会》《经典咏流传》等节目的成功经验，立足大学生思想政治教育需求，注重新媒体传播内容的正能量建设，深入挖掘相关"福"文化素材。通过拍摄"福"文化非物质文化遗产新时代传承人的故事，引导大学生学习其中蕴含的奋斗造福、坚持不懈等精神内涵。同时，利用 Vlog、Plog、网络节目、直播等形式，将优质的宣传内容以立体化的呈现形式传递给大学生，让他们"触摸"到"福"文化作品，重温"福"文化故事。这样不仅能有效发挥新媒体直观性、便捷性和互动性的优势，还能充分调动大学生的多重感官体验，用有质量、有温度的作品弘扬"福"文化蕴藏的正能量，助力营造良好的网络娱乐环境，保障"福"文化教育不走偏、不变质，让"福"文化的丰富内涵涌入网络、映入荧幕、走入生活。

第二节　夯实阵地，创新"引领式"育人格局

一、人才驱动：强化师资培训，壮大教学力量，提升文化育人引导力

思想政治理论课教师、辅导员等大学生思想政治教育工作者是上好思政课、做好价值引领的关键力量，同时也是开展"福"文化教育的主要组织者和重要实施者。鉴于"福"文化内涵丰富、涉及面广，但其部分内容与现代文化和社会发展的适应性有待提升，将"福"文化融入大学生思想政治教育对师资队伍建设提出了更高要求。

为了充分发挥"福"文化在大学生思想政治教育中的作用，我们需要构建一支结构合理、优秀的思想政治教育队伍。这支队伍应在顺应时代发展需求、符合高校培养目标的前提下，积极吸纳"福"文化的精髓，结合新时代大学生的思想特点，坚持去芜存菁的原则，合理选取融入内容，进行创造性转化与创新性发展。他们应在深入理解和掌握"福"文化的基础上，有效地将其精髓传播给大学生，促进"福"文化与大学生思想政治教育的有机融合，帮助大学生形成对"福"文化的文化认同，坚定文化自信，从而实现立德树人的教育目标。

- 李红兵，2023.关于中华优秀传统文化传承研究的学术综述［J］.中国矿业大学学报（社会科学版），25（4）：137-150.

- 李慧敏，2016.青年亚文化对大学生思想政治教育的影响及对策［J］.学校党建与思想教育（14）：54-56.

- 李江，2019.中国传统福文化研究［M］.北京：中国轻工业出版社.

- 李俊斌，王欣，2023.数字时代民族文化虚无主义的表征、危害及治理［J］.广西民族研究（6）：157-164.

- 李琦，2023.智媒时代区域文化创新传播策略——以八闽福文化传播为例［J］.武夷学院学报，42（10）：55-59.

- 李幸蔚，2023.清代官窑彩瓷中的蝙蝠纹饰艺术特征分析［J］.文物鉴定与鉴赏（12）：166-169.

- 李学勤，赵平安，2013.字源［M］.天津：天津古籍出版社；沈阳：辽宁人民出版社.

- 李艳花，2016."福禄寿喜"文化熟语研究［D］.呼和浩特：内蒙古大学.

- 李宗桂，2002.中国文化导论［M］.广州：广东人民出版社.

- 李宗岩，赵威威，2020.中华优秀传统文化融入大学生思想政治教育的价值、困境与路径探索［J］.长春师范大学学报，39（5）：4-5.

- 廖丹琪，2023.中华优秀传统文化融入高校思想政治教育的三重逻辑［J］.教育观察，12（20）：38-41.

- 林蔚文，2003.中国民俗大系·福建民俗［M］.兰州：甘肃人民出版社.

- 林惠佺，2023.闽东古建筑石木结构初探［J］.收藏与投资，14（10）：107-109.

- 林惠仙，2022.福建仙游剪纸艺术的造型与寓意分析——以仙游礼品

［N］.福建日报（09）.

- 孙璐，陈皎月，陈海鹏，等，2020.论扬州博物馆藏清代"福"与"寿"年画艺术特色［J］.扬州教育学院学报，38（1）：25-28.

- 孙文文，2023.中国传统"梅画"技法研究［D］.杭州：中国美术学院.

- 孙希国，2018.《宣和奉使高丽图经》与宋代妈祖信仰的流传［J］.广西民族研究（3）：110-116.

- 孙晓琳，2020.新时代思想政治教育话语发展研究［D］.长春：东北师范大学.

- 陶有浩，2016.朱熹德福观及其当代价值［J］.上饶师范学院学报，36（5）：1-8.

- 王达人，2004.中国福文化［M］.北京：北京工业大学出版社.

- 王道，2009.民俗信仰的社区功能意义——以景宁敕木山区惠明寺等畲族社区汤夫人信仰为例［J］.非物质文化遗产研究集刊（1）：297-326.

- 王学斌，2023-10-26.着力赓续中华文脉、推动中华优秀传统文化创造性转化和创新性发展［N］.光明日报（3）.

- 吴霜，陈韵，2011.音乐人类学视野下的北部湾多元音乐文化观的考察研究——以北海疍民传统婚礼的仪式歌乐为例［J］.艺术探索，25（4）：59-61.

- 吴承祖，2023.台湾地区妈祖信仰杂谈［J］.团结（5）：55-59.

- 吴旭涛，姚雨欣，蒋丰蔓，2023-11-14.守正创新，激活朱子文化生命力［N］.福建日报（2）.

- 吴雪燕，卢勇，2018.国家文化安全视域下新的社会阶层人士引导策略研究［J］.广西社会主义学院学报，29（5）：27-33.

- 吴霓斐，2021.浅析中华优秀传统文化融入高职院校思想政治教育的价值及路径［J］.改革与开放（12）：64-68.

- 吴祖德，郑土有，2016.说福［M］.济南：山东教育出版社.

- 习近平,2017.决胜全面建成小康社会夺取新时代中国特色社会主义伟大胜利——在中国共产党第十九次全国代表大会上的报告［J］.党建（11）：15-34.

- 习近平，2014-09-25.在纪念孔子诞辰2565周年国际学术研讨会暨国际儒学联合会第五届会员大会开幕会上的讲话［N］.人民日报（2）.

- 夏逍祥，张怡，赵排风，2023.中国式现代化视域下人与自然和谐共生实现路径研究［J］.黑龙江环境通报，36（9）：119-121.

- 肖望兵，2023.中华优秀传统义化融入高校思想政治教育的价值意蕴及路径选择［J］.当代教育论坛（4）：55-62.

- 谢典，王淑桢，勾波，2023.新时代中华优秀传统文化融入高校网络思政教育的现实困境与实践进路［J］.知与行，（5）：14-21.

- 谢武军，2004.马克思主义文化观的当代意义［J］.探索与争鸣（11）：8-9.

- 修菁，2023-11-25.传承千年妈祖文化点亮两岸融合发展新路［N］.人民政协报（6）.

- 徐春妹，钟霞，2023.地方优秀传统文化融入高校思想政治理论课教学的意义、原则与路径研究［J］.宿州教育学院学报，26（3）：29-32.

- 徐琳，吴建永，2023.科学把握马克思主义与中华优秀传统文化的高度契合性［J］.求知（9）：25-27.

- 徐志钰，2022.也谈德化陶瓷中的梅花装饰［J］.东方收藏（2）：104-106.

- 杨林生，郭亚南，朱会义，等，2023.中国生态文明制度体系建设进展与走向［J］.中国科学院院刊，38（12）:1793-1803.

- 杨晓，2023."福"文化进校园的实践路径研究［J］.教育评论（10）：147-150.

- 叶真铭，2017.钱币上的"福"文化（上）［J］.东方收藏（1）：108-113.

- 殷伟，殷斐然，2005.中国福文化［M］.昆明：云南人民出版社.

- 殷伟，2014.中国传统的福文化［M］.福州：福建人民出版社.

- 游红霞，2022，田兆元.妈祖信仰铸牢两岸中华民族共同体意识的社会基础与实践机制——谱系理论的视角［J］.广西民族大学学报（哲学社会科学版），44（3）：142-150.

- 于学斌，2021.福字倒贴与民俗主体［J］.福建江夏学院学报，11（4）：85-90.

- 袁璐，2022.中华优秀传统文化融入高校思想政治课的"能"与"不能"［J］.现代商贸工业，43（18）：166-168.

- 张福英，2015.传统民俗与快乐休闲——以泉州传统游艺民俗为例［J］.泉州师范学院学报，33（1）：19-23.

- 张海英，高溪蕊，2023.大学生文化自信培育与思想政治教育融合共生的路径［J］.品位·经典（12）：57-59.

- 张海云，2020.优秀传统文化融入高校思政课教学路径研究［J］.菏泽学院学报，42（4）：21-24.

- 张建伟，2021.新年习俗知多少［J］.农村百事通（1）：16.

- 张培东，2023.从古塔和古寺浅谈福州传统建筑的石雕装饰艺术［J］.东方收藏（10）:84-86.

- 张烁，2016-12-09.把思想政治工作贯穿教育教学全过程 开创我国高等教育事业发展新局面［N］.人民日报（1）.

- 赵华明，2006.福和谐：中华福文化与和谐社会［M］.北京：中共中央党校出版社.

- 赵康太，李英华，2006.中国传统思想政治教育理论史［M］.武汉：华中师范大学出版社.

- 赵秋爽，苏天恩，2017.海丝文化融入大学生思想政治教育路径探析［J］.泉州师范学院学报，35（4）：64-68.

- 赵壮，2021.优秀传统文化概念厘定与特征定位［J］.汉字文化（23）：116-117.

- 郑土有，2012.春节贴"福"字的来由［J］.国学（1）：78-79.

- 中共中央国务院，2017.中共中央国务院印发《关于加强和改进新形势下高校思想政治工作的意见》［J］.社会主义论坛（3）：5.

- 仲富兰，2015.中国民俗学通论［M］.上海：复旦大学出版社.

- 周东颖，2023.从宫廷娱乐到国朝礼乐——清代中叶北京皇城"宴戏"音乐的景观与意涵［J］.中国音乐（6）：25-37.

- 周怿，2023-12-29.向绿而生，人与自然和谐共生的美好画卷徐徐展开［N］.工人日报（4）.

- 朱钦麟，2022.论马远《松寿图》的奇与正［D］.南京：南京艺术学院.

- 朱转云，2021.中华优秀传统文化融入高校思想政治教育的价值、困境及突破研究［J］.改革与开放（18）：67-72.

- 卓倩，2023.图必有意意必吉祥——石家庄市博物馆藏吉祥纹饰瓷器赏析［J］.中国民族博览（16）：45-47.

- 邹沛，2023-12-29.不断谱写马克思主义中国化新篇章［N］.江西日报（12）.

- 邹蓓蓓，王永芹，2022.明清以来华北乡村防疫避灾与劝善教化——以太行山文书杂字类文献为中心［J］.国际儒学（中英文）（4）：117-124.